고대신화와 신비주의의 세계

고대신화와 신비주의의 세계

이 준 섭

고려대학교출판부
KOREA UNIVERSITY PRESS

▌이 책은 2005년도 고려대학교 교수특별연구비에 의한 것임.

책머리에

우리 인간은 먼 옛날부터 우주의 존재로부터 현재의 '나'에 이르기까지의 생성과 변천의 역사에 특별한 관심을 갖고 있었다. 우주 속에 존재하는 삼라만상의 비밀에 대한 호기심을 갖고 있었고, 그 호기심을 만족시키기 위해서 끝없는 노력을 해 왔다. 그 노력의 결과는 신화의 창조와 과학적 발견으로 나타났다. 그러므로 신화와 과학은 세계를 이해하려는 동일한 목적을 갖고 있다고 볼 수 있을 것이다.

과학이 세계의 신비를 밝혀 주지 못했던 시절에 인간은 모든 것을 신에게 의존했다. 오늘날 과학이 엄청난 발전을 거듭하여 신의 절대적 영역으로만 생각했던 생명의 창조에까지 그 영역을 확대해 가고 있는 것이 현실이다. 따라서 신의 영역은 점점 축소되어 가고 있는 것처럼 보인다. 과학적 발견 중에서 인간 유전자의 발견은 일대 혁명이라고 볼 수 있을 것이다. 그리하여 유전자의 기록을 통하여 미래까지도 들여다볼 수 있는 기술이 보편화되는 날이 곧 실현될 것으로 보인다.

관상과 점은 옛날 체계적인 과학이 없던 시절에, 그리고 오늘날까지도 우리 민족문화의 일부였다. 본인이 잘 알고 있는 어떤 분이 지적한 바에 의하면, 관상과 점을 보는 사람들은 직관을 통해서 오늘날 인간 유전자에 기록되어 있는 인간의 운명을 읽을 수 있었다는 것이다. 이것은 매우 신빙성 있는 관찰이라고 생각된다. 물론 사람에 따라 관상과 점의 정확도에는 상당한 차이가 있었겠지만 말이다.

한편 아마존 강 유역에 사는 원주민들은 100미터 앞에서 뱀이 움직이는 소리를 들을 수 있다고 한다. 그리고 개미나 들쥐, 새 등의 야생동물들이 폭풍우나 지진 같은 천재지변을 예감하고 스스로 몸을 숨기는 현상에서도 볼 수 있듯이, 동물도 뛰어난 직관을 갖고 있는 것 같다. 이는 인간 사회가 문명화될수록 자연과의 간극이 점점 벌어져 간다는 것을 의미한다고도 볼 수 있다. 다시 말하면, 인류가 문명화·과학화될수록 자연현상에 대한 감각이 무디어진다는 것을 말한다. 현대과학은 이것을 극복하기 위해 직관에 의해 얻어진 자료들에도 상당한 의미를 부여하고 과학적으로 설명될 수도 있다고 간주함으로써, 감성의 세계와 이성의 세계를 재통합하려는 시도를 하고 있다. 먼 훗날 언젠가에는 직관에 의해 파악된 신비한 현상들이 과학에 의해 설명될 수 있는 날이 올지도 모르겠다.

그러나 우리가 살고 있는 세계에 대한 의문점들 중에는 아직도 신비에 싸여 해결 불가능한 것처럼 보이는 문제들이 수없이 많다. 그중에서도 신의 존재와 신과 인간과의 관계에 관한 문제가 가장 불가사의한 것처럼 느껴진다. 이 문제는 고대와 현대의 신화, 종교와 직결된 것이며 예술가들과 철학자들에 의해서 조금씩 다른 형식으로, 직설적 또는 상징적으로 설명되고 표현되어 왔다.

우리는 이들의 직설적 또는 상징적 설명에 귀 기울이면서 일종의 정신적 변천사, 적어도 서양의 정신적 변천사를 추적해 보고자 한다. 우리의 관심은 고대신화와 종교와 관련된 영역이며, 후세의 사람들이 이 문제를 어떻게 해석하고 반응했느냐하는 것이다. 따라서 이 책에서는 신화에서 종교로, 종교에서 종교적 신비주의 단계로 이행하는 사고의 발전 과정이 드러날 수 있기를 기대한다. 우리가 일반적으로 말하는, 그리고 우리가 지금 관찰하려고 하는 신화 역시 그 당시에는 엄숙하게 숭배되고 있던 종교였다는 것을 간과해서는 안 될 것이다.

다만 본인의 연구 분야가 프랑스문학이기 때문에 이 분야와 관련된 문제만 다룰 수밖에 없다는 점에 대하여 이 책을 읽을 독자들에게 미리 양해를 구하는 바이다. 또한 이 책에 등장하는 신화 속 인물들에 대한 다양한 해석이 있으나 가장 보편적인 내용을 중심으로 이야기를 전개하려고 한다.

차례

3. 로마 신화

4. 기독교 신화

5. 새로운 신화의 탄생

1. 이집트 신화

천지창조와 신들의 탄생

고대 오리엔트 문명, 즉 티그리스·유프라테스 강 유역의 고대 메소포타미아 문명과 나일 강 유역의 고대 이집트 문명은 젊은 인류가 창조한 신화의 온상이라 할 수 있을 것이다. 또한 이 고대 문명은 오늘날 서양 문명의 요람이기도 하다. 이들 강 유역에 자리 잡은 히타이트, 시리아, 이집트 등의 고대 민족들은 기원전 3000년경, 또는 그 이전부터 고도의 문명을 개화시키고 그 문명의 영향을 서로 주고받은 것으로 보인다.

그중에서 가장 강력한 문화의 중심지는 이집트이다. 이집트의 종교·신화들은 그 이후에 태어난 대부분의 종교·신화에 영향을 미쳤는데, 특히 고대 그리스와 유대의 종교·신화의 모델로서, 영감의 원천으로서 그 영향력을 발휘했다. 이어서 고대 그리스 신화는 고대 로마 신화에까지 영향을 미치게 된다.

고대 이집트 문명은 마치 다른 천체에서 이룩한 고도의 문명을 갖고 이 땅으로 내려온 사람들이 이룩한 기적의 산물처럼 보인다. 그것은 플라톤이, 1만 1천여 년 전 대재앙에 의해서, 하루 만에 바다 속으로 사라졌다고 상상한 전설적인 대륙 아틀란티스로부터 온 것일까? 미국의 한 탐험가가 최근에 키프로스 섬 근처에서 그 흔적을 발견했다고 전해지는 그 전설의 대륙 말이다. 이러한 억측을 하지 않고서야 기원전 4000년대부터 이룬 화려한 이 이집트 문명의 기원을 알 길이 없다.

이집트인들은 당연히 '내가 어디서 왔을까?'라는 의문을 가졌을 것이다. 그리고 봄이면 싹이 트고 여름과 가을이면 열매를 맺고 겨울이면 잎이 지는 자연현상에 관심을 갖고 그들 나름대로의 상상력을 발휘했다. 그리하여 천지가 창조되고 신들이 태어난다.

이집트는 기원전 3200년 무렵 나일 강 상류(남부)의 상上이집트와 하류(북부)의 하下이집트 왕국을 통일하여 나일 강 유역에 통일국가를 마련하게 된다. 이때부터 이집트인들의 창조력에 더욱 가속도가 붙는다. 그들은 인류가 아직 철과 바퀴를 알지 못하고 있던 시절에 피라미드와 같은 거대한 건축물을 세우고 상형문자를 사용하여 기록들을 남겼다. 이 기록들은 여러 경로를 통해서 우리에게 전달된다. 나일 강 유역에 자생하는 파피루스라는 지초紙草를 가공해서 여기에 남긴 기록과, 피라미드와 지하 묘, 신전의 벽면에 남겨 놓은 다양한 기록이 해독되면서 고도로 발달된 이집트 문명이 세상에 드러나게 된 것이다. 이집트인들이 남겨 놓은 파피루스 두루마리나 '피라미드 텍스트', 지하 묘의 석관에 기록된 '석관 텍스트' 등을 통해서 우리는 고대 이집트 신화의 면모를 알 수 있게 되었다.

이집트인들은 그들의 역사가 오시리스의 통치와 함께 시작된 것으로 생각한다. 오시리스 이전에는 3세대의 신이 통치한 시절이 있었다. 그 시기는 아툼과 대기의 신 슈, 대지의 신 게브의 통치 기간을 말한다.

3대의 신, 즉 아툼과 슈와 게브의 통치 기간은 인간의 출현 이전의 시대에 해당하며, 오시리스는 아툼과 슈와 게브에 이어 왕권을 이어받은 신이며 동시에 인간으로서의 선과 지혜의 신이다. 그는 모든 유랑 부족을 모아 그들에게 나일 강이 범람하여 입은 피해를 혜택으로 바꾸어 주었으며, 메마른 땅에 농경에 필요한 물을 끌어와 사막에서 경작이 가능하도록 하여 밀과 포도, 귀리를 재배하는 법을 가르쳤다고 한다. 오시리스는 또한 그들에게 금속 채취술과 제련술을 가르치고, 지혜의 신 토트[1]와 함께 글쓰기와 예술을 가르쳤다. 그의 임무가 끝났을 때, 그는 아내이며 협력자인 이시스 여신에게 왕위를 물려주고 동방으로 가서 모든 민족들을 가르쳤다.

■

1 토트Thot는 몸은 사람이고 머리가 개 또는 새의 모양을 한 이집트의 신이다. 그는 달의 신으로 사물을 창조하고 문자를 만들어냈으며, 영혼의 무게를 달아 심판하는 자이며 마법사이다. 그는 또한 그리스의 헤르메스와 동일시되었다.

오시리스가 돌아오자 그의 동생 세트는 음모를 꾸며 그를 살해하고 왕위를 찬탈한다.

슬픔에 싸여 남편의 시체를 찾아 나섰던 이시스는 신의 영감에 의해 남편의 시체를 찾고, 아누비스2의 도움을 받아 그의 시체를 재구성하여 부활시킨다. 오시리스는 아들 호루스를 남기고 저승으로 가서 그곳의 지배자가 되고, 그의 아들은 성장하여 세트를 제거하고 아버지 신의 과업을 계승한다.

천지창조로부터 인간이 출현하기까지의 바로 이 이야기가 이집트인들이 생각한 신화의 핵심이다. 그러나 고대 이집트의 신화는 매우 복잡하며, 특히 오시리스 이전의 우주생성 신화는 헬리오폴리스Heliopolis, 헤르모폴리스Hermopolis, 멤피스Memphis라는 세 도시를 중심으로 각기 특색을 나타내고 있다.

이러한 신화들은 그리스·로마의 작가들에 의해서 오늘날까지 간접적으로 전해져 오기도 했다. 예를 들면, 그리스의 역사가 헤로도토스는 기원전 5세기에 이집트를 방문하고 이집트 신화에 대한 많은 것을 기록하여 전해 주고 있다. 그러나 이들 창조신화의 원본들은 고왕국시대(기원전 2649—2152)에 세워진 피라미드 내부의 석

■

2 아누비스Anubis는 재칼이나 개의 머리로 등장하는 이집트의 신이다. 그는 이시스를 도와 오시리스의 시체에 방부 처리를 했으며, 죽은 자들의 영혼을 안내하는 신이 된다. 후에는 알렉산드리아의 세라피스Sérapis와 이시스 숭배의 일부를 이룬다. 그리고 그리스 사람들은 토트와 마찬가지로 그를 헤르메스와 동일시하고 헤르마누비스Hermanubis란 이름으로 부르기도 한다.

관실石棺室과 전실前室의 기둥들에 새겨진 상형문자 텍스트, 즉 '피라미드 텍스트'를 통해서 전해지고 있다. 그리고 중왕국시대(기원전 2040-1783경)에는 왕들의 무덤 못지않게 호화로움을 과시했던 고위 성직자들과 지방 지배자들의 무덤 속에 기록된 텍스트, 즉 '석관 텍스트'에서 이 신화들을 확인할 수 있다. 그 이외에도 신왕국시대(기원전 1550-1070)와 그 이후에 작성되었으나 그 원본은 기원전 1000년 이전의 것으로 보이는 파피루스 두루마리와 신전의 장식 등을 통해서도 이 기록들이 전해지고 있다.

헬리오폴리스의 신들

스핑크스 주위에 태어난 도시 레토폴리스Létopolis는 하부 이집트와 상부 이집트를 연결해 주는 도시로서 하부 이집트의 상업적, 전략적인 분야에서 다른 도시들을 이어받았다. 또한 이 도시는 당시 정치적 활동과 관련된 종교적 중심지로 성장했다. 후에 그리스 사람들은 이 도시를 '태양의 도시'라는 뜻으로 헬리오폴리스라 부르게 되었다.

대영박물관에 보관된 브렘너 린드 파피루스는 '누'Nou라는 혼돈으로부터 시작된 헬리오폴리스의 신들의 출생에 관한 기록을 보여 주고 있다.

> 내가 스스로 몸을 추스른 후 모든 현현현상顯現現狀이 일어났다 … 하늘은 존재하지 않았고, 땅도 존재하지 않았다 … 나는 나로부터 모든 존재를 창조했다 … 나는 내 스스로 아내가 되었다 … 나는

내 손으로 성교를 했다 … 재채기로 '슈'Shou를 … 구토로 '테프누트'Tefnout를 토해 냈다 … 그리고 슈와 테프누트는 '게브'Geb와 '누트'Nout를 낳았다 … 게브와 누트는 '오시리스'Osiris … '이시스'Isis, '세트'Seth, '네프티스'Nephthys를 낳고 … 그리고 그들은 이 세상의 수많은 존재들을 만들어 냈다.[3]

좀더 구체적인 설명에 의하면, 구조화된 우주가 태어나기 이전에는 끝없이 정체된 물이 어둠을 가득 채우고 있었다. 물로 가득 찬 우주가 바로 '누' 또는 '눈'Noun이라는 혼돈이었다. 누를 숭배하기 위한 사원은 없었지만, 천지창조 이전의 이 비존재非存在를 상징하는 성스런 호수가 여러 곳에 존재했다고 전해진다. 그리고 천지창조 이후 이 광활한 물은 창공을 둘러쌌으며, 태양과 달과 별들과 지구를 지켜주는 수호자로 남게 된다.

위 인용문에서 '나'로 표현된 헬리오폴리스의 주신 '아툼'은 '누'로부터 스스로 태어나서 천지를 창조하고 대기의 신 슈와 습기의 여신 테프누트를 창조했다. 아툼이란 이름은 '모든 것'을 상기한다. 그는 태양신으로서 지고의 존재이며 힘의 원천, 자연의 기본 요소이다. 그러므로 미래의 모든 신성에 생명을 주는 에너지를 포함하고 있다. 그러나 이집트 사람들은 이 신이 영원한 생명에 이르게 하는 긍정적인 권능과 상대를 불꽃으로 태워 단죄하는 파괴적인 면을 동시에 갖고 있다고 생각했다. 이 양면성은 후에 창조

3 George Hart, *Mythes égyptiens*, coll. Point, Seuil, p. 20에서 재인용. 강조 기호 ' '는 본인의 임의에 의한 것임.

적인 이시스 여신과 파괴적인 세트 신으로 나타난다.

슈와 테프누트는 종종 사자獅子의 모습으로 그려진다. 또 《사자死者들의 책》의 그림에서 슈는 그의 이름을 지칭하는 상형문자와 같은 타조의 깃으로 머리를 장식하고 팔을 들어 천공의 여신 누트의 몸을 떠받치고 있다. 그리고 누트는 대지의 신이며 남편인 게브의 몸 위에 활 모양으로 몸을 구부리고 있다. 그런데 슈와 테프누트의 역할은 양면성을 갖고 있다. 슈는 태양원반 아톤이 통과하는 대기의 개념을 갖고 있기 때문에 태양의 성격을 갖고 있으며, 테프누트는 습기의 여신이지만 태양신의 딸이기 때문에 역시 태양의 성격을 갖고 있다.

남성과 여성의 자연스런 결합에 의해, 슈와 테프누트로부터 대지의 신 게브와 천공의 여신 누트가 탄생한다. 게브는 이집트 지역이 의인화된 신으로서, 그로부터 이집트의 통치자 파라오의 권좌와 관련을 갖게 된다. 그리고 게브와 누트 사이에서 오시리스와 세트, 이시스, 네프티스 등 네 명의 남 · 여신이 태어났다. 이 아홉 명의 신들은 태양의 도시 헬리오폴리스의 9주신九主神이라 불린다. 이 신들을 세대별로 정리하면 다음과 같다.

제1세대　아툼(태양신)
제2세대　슈(대기의 신) — 테프누트(습기의 여신)
제3세대　게브(대지의 신) — 누트(천공의 여신)
제4세대　오시리스 — 이시스 — 세트 — 네프티스

천공의 여신 누트가 네 명의 남 · 여신을 생산한 후, 최고 신 아툼의 명령으로 아버지 신 슈가 가운데 자리를 차지하게 되자 누트와 게브의 관계는 단절된다. 이는 하늘과 땅 사이에 대기가 끼어든다는 뜻으로 이해된다. '왕들의 계곡'[4]에 있는 람세스 6세(기원전 1156—1148)의 무덤 속 석관이 안치되어 있는 방의 벽화는 누트 여신의 중요한 역할을 보여 주고 있다. 이 벽화에서 태양신은 누트의 육체 표면을 따라 창공을 통과한다. 그리고 서쪽 끝에 도달한 태양신은 여신의 입 속으로 삼켜진다. 그리고 밤 사이 누트의 육체 내부를 통과한 후, 새벽녘 산고의 피를 보이며 붉게 물든 동녘에 다시 태어난다.

'피라미드 텍스트'에 의하면, 아툼은 태양의 세 가지 양상을 동시에 갖고 있다. 태양의 보통명사 '레'Rê는 하늘에 있는 성좌의 물리적 존재를 지칭하며 빛을 발하고 있는 태양원반으로서 태양신의 이름이다. '케프리'Khépri는 신성갑충神聖甲蟲, 즉 쇠똥구리가 동물의 배설물을 둥글게 뭉쳐 끌고 가는 모양으로서의 태양이다. 그리고 '호라크티'Horakhty는 태양만큼 높고 멀리 창공을 날아오르는 매로서 역시 태양을 상징한다. 그래서 여러 이름들을 조합하여 태양신을 '레 아툼' 또는 '레 호라크티'와 같이 부르기도 한다.

■

4 '왕들의 계곡'은 이집트 19, 20대 왕조(기원전 1314—1085) 기간 중 22명의 왕들의 무덤이 있는 계곡을 말한다. 피라미드 시대와는 달리, 이 무덤들은 테베Thèbes(이집트 사람들은 우아셋, 또는 노웨라 부르는 상이집트의 고대도시인데, 그리스의 호메로스가 이 도시를 '테베'로 불렀다) 사막지대의 지하에 구축되어 있으며 무덤과 사원이 공존하고 있는 화려한 지하건축물이다.

멤피스의 신 프타Ptah

한편 '프타'는 이집트의 옛 정치적 수도였던 멤피스의 신이다. 그는 태양과 여러 신들을 창조했고 식물의 성장을 책임졌다. 프타는 지고의 장인匠人으로 이미 고 왕국시대에 그 성격이 분명하게 정착되었다. 그러나 신 왕국시대에 이곳에 있던 신전인 '프타의 마음이 머무는 곳'이란 의미를 가진 '헤웨트 카 프타'Hewet-ka-Ptah는 모든 지방을 지칭하는 명칭이 되었고, 결국 그리스어를 통해 '이집트'라는 국명의 어원이 되었다고 한다.

프타는 헬리오폴리스의 아툼을 포함한 다른 신들을 그의 가슴과 혀로부터 만들어 냈다고 한다. 가슴 속의 생각과 혀로부터의 말이 모든 행위를 결정했다. 프타는 모든 신과 인간과 짐승과 살아서 땅 위를 기어 다니는 모든 것의 가슴과 입 속에 편재한다. 프타는 정액과 손으로 9주신을 창조한 아툼보다 한수 위에 존대한다. 프타가 창조한 신들은 그의 입의 '입술'과 '이'였다. 모든 사물의 이름을 발성함으로써, 그의 말은 모든 창조물에 생명을 준다. 눈과 귀와 코로 감지된 모든 것들이 곧바로 가슴에 전달되고, 가슴으로부터 나온 결론이 혀로 표현되었다. 이렇게 프타는 신들의 출생을 주도했고, '모든 생명이 비롯된 자'라는 의미의 '타 테넨'Ta-tenen이 되었다. 그는 신들을 창조한 후, 도시와 신전을 창조하고 영원한 양식과 제물의 원리를 만들었다.

조지 하트가 지적하고 있듯이, 이러한 프타의 권능은 기독교의 〈요한복음〉에서 창조주의 '말씀'과 일치한다.

태초에 말씀이 계시니라.
이 말씀이 하나님과 함께 계셨으니
이 말씀은 곧 하나님이시니라.
그가 태초에 하나님과 함께 계셨고
만물이 그로 말미암아 지은바 되었으니
지은 것이 하나도 그가 없이는 된 것이 없느니라.
그 안에 생명이 있었으니 이 생명은 사람들의 빛이라.

—〈요한복음〉 1 : 1–4.

헤르모폴리스의 오그도드Ogdoade

이집트 중앙부에 자리 잡은 엘 아쉬무네인El-Ashmounein은 옛날 번영의 도시였으며, 나중에 그리스식 이름의 토트로 더 잘 알려진 제후티Djehouty 신을 위해 세워진 거대한 신전이 있던 곳이다. 엘 아쉬무네인은 고대 이집트인들에게 상형문자를 전해준 지혜의 신 토트의 제례 중심지였다. 따라서 토트를 자신들의 신 헤르메스와 동일시하였던 그리스인들은 이곳을 헤르모폴리스라고 불렀다. 헤르모폴리스의 이집트어 명칭은 켐누Khemnou였고, 이로부터 콥트어를 거쳐 현대의 아라비아 이름인 엘 아쉬무네인이 나왔다고 한다. 켐누는 '여덟 개의 도시'를 의미했고, 이는 흔히 '여덟의 무리'라는 뜻의 오그도드라고 알려진 태초의 여덟 신들의 고향이었다.

헤르모폴리스의 네 쌍으로 이루어진 여덟 명의 신들은 태초의 물질 속에서 인간의 모습을 하고 나타났고, 남신들은 두꺼비, 여신들은 뱀의 얼굴을 지니고 있었다. 그들은 태초의 물 누와 노네트, 홍수의 권능을 지닌 헤와 헤헤트, 암흑 케크와 케케트, 숨은 역동성 아몬과 아모네트이다.

이집트어에서 오그도드는 '태초에 존재했던 아버지들이고 어머니들이다. 그들은 태양을 낳고 아툼을 창조했다'는 것이다. 그리고 새로이 창조된 우주에서 여러 현상들이 일어났지만, 오그도드 중 세 쌍은 그들의 권능을 잃고, 아몬과 아모네트만이 헤르모폴리스에서 테베로 옮겨가서 새로운 질서에 합류한다.

테베의 신 아몬과 크눔Khnoum

아몬이 주신으로 정착하게 된 것은 테베가 종교적 수도로 성장하는 신왕국기와 때를 같이 한다. 테베의 신화에서 유일신인 아몬은 창조 행위를 하는 것 이상의 위상을 지닌다. 또한 테베에서 아몬은 태초의 '둔덕'을 일어나게 한 오그도드와 협력하기 이전부터 존재한다는 것이다. 그는 '자신을 스스로 만든 자'로서 다른 물질이 생겨나기 이전에 스스로를 존재화存在化시켰다. 존재화되자마자 아몬은 그 자신도 포함하는 오그도드의 기본 요소인 태초의 물질을 만들어 냈다. 이러한 점에서 그는 '최초의 존재들을 낳은 최초의 존재'가 된다. 그러나 우주는 암흑천지였고 고요했으며 움직임이 없었다. 이때 오그도드에게 운동성을 불어넣은 창조적 에너지의 원천이 아몬이었던 것 같다. 다시 말해, 아몬은 태초의 물질 표면을 자극하여 소용돌이를 만듦으로서 태초의 둔덕이 드러나게 한 활력의 바람이었다.

테베의 신학자들은 어떤 중요성을 가진 신들도 단지 아몬의 모습이 투영된 것일 뿐이라고 생각했다. 그래서 그는 창조 후의 다른 오그도드처럼 잊혀지지 않고 태초의 둔덕인 타 테넨Ta-tenen이 되었다. 그는 하늘 높이 있는 태양신으로 성장했고, 일출과 일몰의 주기에 따라 끊임없이 활력을 되찾았다. 그렇기 때문에 발굴된 유물에서 그의 이름이 아몬 레Amon-Rê로 표기된 예는 무수히 많다. 헬리오폴리스의 초기 신들은 아몬의 현현顯現이었다. 사실 모든 신들에게 아몬의 이미지가 투영되었으며, 특히 세 명의 신이 모여서 '아몬'이라는 단일한 개체를 구성하게 되었다. 레는 그의 얼굴이었고 프타는 그의 몸이었으며 아몬은 그의 숨겨진 정체성이었다. 그리하여 레와 프타와 아몬은 하나의 신으로 통합된다.

테베에서 아몬이 초월적 신성으로 정착한 반면, 이 지상地上의 생명체를 주관하는 신 크눔이 출현한다. 양의 머리를 한 크눔은 원래 나일 강 범람지의 신이다. 나일 강의 범람지 아스완에서 크눔은 범람의 신 하피의 동굴을 관리한다고 한다. 아스완 댐이 건설되기 이전까지 나일 강은 매년 범람하여 주위의 들판을 뒤덮었다. 물이 빠지고 나면, 이집트 남부의 아프리카 수단에서부터 실려온 비옥하고 고운 진흙층이 남아 농부들에게 풍요한 농산물을 재배할 수 있는 농토를 제공했다. 그렇기 때문에 범람은 곧 풍요를 의미했다.

다른 곳, 예를 들면, 헬리오폴리스나 헤르모폴리스의 신화에서는 우주적인 주제에 매달려 인류는 완전히 무시된 데 비해서 상이집트, 즉 남부 이집트의 에스네 신전에서 크눔은 모든 인간의 창조자로 숭배되었다. 에스네 신전의 명문과 부조에서 그려지고 있듯이, 크눔은 도자기를 빚는 물레로 진흙을 반죽하여 인간을 만들었다고 한다. 크눔을 나타내는 성스러운 동물인 양은 자연계에서 출산을 상징한다. 나아가 크눔은 신과 인간, 동물과 새와 물고기, 파충류를 만들어 낸 우주 생명체의 창조주로 간주되었다.

조지 하트가 지적하고 있듯이, 크눔이 진흙을 반죽하여 인간을 만들었다는 생각은 그리스의 판도라와 다른 중동지방의 인간 창조과정에 깊은 영향을 미쳤을 것으로 보인다. 또한 크눔에게서 그리스의 프로메테우스가 인간에 대해 갖고 있었던 애정을 느낄 수 있으며, 더욱이 크눔의 신화는 기독교의 인간 창조신화에도 영향을 미쳤을 것으로 생각된다.

신비의 신 아톤Aton

기원전 3000년경, 오시리스와 이시스의 사랑과 부활의 신화에서는 투명한 핵심 내용이 은폐되고, 계시를 받았다고 하는 몇몇 승려들만이 이 신화를 독점화하고 정치권력의 도구로 삼으면서 일반 사람들에게는 핵심 내용에의 접근이 봉쇄되고 있었다. 그러나 그 후반기에 와서 큰 변화가 일어난다. 이렇게 대중에게는 접근 불가능했던 신비에 싸인 종교가 유일신·절대 신으로서의 분명한 시각과 함께 이 신성神性이 모든 인간에게 계시될 수 있다고 하는 개방적 종교로 변모하게 된다. 이러한 변화는 한 파라오가 주도하는 종교적 혁명에 의해서 가능했다.

파라오 아메노피스Aménophis 4세는 후에 '아톤의 사랑을 받는 자'라는 뜻의 아케나톤Akhénaton(기원전 1372—1354)으로 불리게 된다. 그는 아몬의 종교를 유일신 아톤의 신비적 종교로 대치시킨다. 이 종교에 의하면, 파라오는 아톤의 예언자이며 이 유일신의 사랑 속에 만민은 평등하다는 것이다. 그는 테베Thèbes 대신 이집트 중심부에 정치적·종교적 수도 '아톤의 지평'이란 뜻의 '아케트 아톤'Akhet-Aton을 건설했으나, 그가 죽은 후 이 도시는 파괴되고 만다.

이러한 종교적 혁명은 아케나톤의 통치기간이라는 짧은 기간 동안에만 지속되었을 뿐이지만, 인류의 사고에 깊은 흔적을 남겼다. 아마도 유대의 유일신에서, 그리고 특히 '그노시스 설'gnosticisme(이 책 '4. 기독교 신화' 참조)에서 이러한 사상의 흔적을 찾을 수 있을 것이다.

아케나톤은 모든 사람들이 승려들의 중계를 거치지 않고 그 종교가 밝혀 주는 정신적 혜택에 직접 참여할 수 있도록 종교의 폐쇄성을 깨트리는 데 초인적인 힘을 기울인다. 그 첫 조치로서 모든 신들의 외적 가치를 박탈하고, 혼동을 막기 위해서 아몬이란 이름을 삭제하며 절대의 신 레Rê에게 아톤Aton이란 이름을 부여한다. 아톤 앞에서는 수많은 신들은 사라지고 인간은 모두가 아톤에 의해서 동등하게 창조되었기 때문에 평등하다는 것이다.

우주를 창조하고 유지시켜 주는 이 사랑은 계속해서 우리 인간들 사이에 현현하고 존재한다. 그것은 무한한 혜택으로 가득한 신의 손으로 우리에게 생명을 주는 태양의 빛 그 자체이기 때문이다. 파라오 자신도 절대 신의 예언자로서 모든 이에게 무한한 신의 선물을 아낌없이 준다. '레 아톤'에 대한 감사제는 모든 사람들이 아케나톤의 제단 주위에 모여 태양의 빛이 작열하는 야외에서 거행되었다. 그러나 파라오의 이러한 시도는 그가 살아 있을 때만 지속되었을 뿐이다. 아톤에 대한 민족의 열광과 심취에도 불구하고, 그가 죽은 후 옛 승려 계층은 아톤의 종교를 무시하고 그를 '이교의 파라오'로 비하시킨다. 아톤의 신전은 파괴되고, 그의 친구들은 이 계시의 종교를 핍박하는 박해자로 돌변해서 성도聖都 아케트아톤은 사막 속에 묻히고 만다. 그리하여 아몬은 그의 신들과 함께 되돌아온다. 신화와 예술은 전통의 맥을 다시 이어가지만, 유일신 아톤에 대한 짧은 경험은 전통적 종교를 순화시키고 다른 민족들의 예술과 종교에 큰 흔적을 남긴 것으로 보인다.

오시리스와 이시스

신들 중에서 이집트인들에게 가장 직접적으로 영향을 미친 신은 오시리스와 이시스이다. 이들의 신화는 이집트의 왕권과 세트에 의한 왕위 찬탈, 그리고 2세 호루스에 의한 복수와 관련되어 있다.

위에서 살펴보았듯이, 헬리오폴리스의 제3세대에 속하는 대지의 신 게브와 천공의 여신 누트 사이에서 태어난 제4세대의 신들이 오시리스와 이시스, 세트와 네프티스이다. 창조주인 아툼의 혈통을 이어받은 이 네 명의 신들 중 장남인 오시리스가 이집트를 통치하는 왕권을 행사했다. 오시리스의 배우자는 이시스 여신이며 세트의 아내는 네프티스 여신으로서 친남매나 혹은 이복남매 사이에 행해지는 왕족 결혼 양식의 원형을 보여주고 있다.

오시리스 부부는 나일 계곡의 풍요를 상징하며 인간에게 농사와 문명과 법률을 가르쳐 주었으며, 그의 통치 기간에 이집트는 안정과 풍요의 낙원이었다. 그러나 이 평화는 오시리스의 동생이며 적수인 세트가 폭력에 의해 왕권을 탈취함으로써 산산조각이 나고 만다. 이와 같이 세트 신은 태양신의 양 속성 중 폭력성과 혼돈混沌의 속성을 이어받았지만 지방에 따라서는, 특히 상이집트에서는 상당한 지지를 받았던 것으로 보인다.

오시리스가 죽은 후 세트는 누이동생이며 아내인 네프티스와 함께 이집트를 지배했다. 그러나 네프티스는 언니인 이시스에게 동정적이었다. 이시스는 오시리스의 신체를 복구시키고 부활하게 하여, 형제를 살해하고 왕권을 찬달한 세트에게 복수할 아들을 얻기로 했다. 이시스와 네프티스는 오시리스를 애도하며 그의 육신이 상이집트의 아비도스에 정착할 때까지 끊임없이 이집트를 헤매고 다녔다.

조지 하트의 《이집트 신화》에 의하면, 아비도스에 있는 세티 1세(기원전 1306–1290)의 신전에는 오시리스와 이시스, 그리고 호루스에게 바치는 일련의 성소가 있다. 여기에는 오시리스의 정자精子로부터 이시스가 수태하는 장면을 보여주는 두 가지의 유물이 있다고 한다. 즉, 이시스가 오시리스의 육신을 발견한 뒤, 이를 그녀의 날개로 덮어서 생명의 숨을 불어넣어 부활시키고 이로부터 수태하는 내용이 적혀 있는 아멘모세 비문이 있고, 또한 신전의 벽면에 이시스가 새매로 변신하여 오시리스의 정자를 받는 수태 행위가 보인다고 한다. 그리하여 세트에게 복수를 대신할 호루스가 잉태된다. 이시스에 의해 새 생명을 받은 오시리스는 지하 세계로 내려가 지옥의 지배자가 된다.

한편 조 프레이저는 그의 역작 《황금 가지》에서 플루타르코스5에 의해서 전해지고 있는 오시리스와 이시스 신화를 다음과 같이 소개하고 있다. 프레이저의 설명에 의하면, 오시리스는 대지의 신 게브와 하늘의 여신 누트의 간통으로 태어난 아들이었다고 한다. 플루타르코스를 인용하여 설명한 조 프레이저의 설명은 게브와 누트가 남매이며 부부라는 조지 하트의 설명과는 배치된다. 이집트의 게브와 누트가 남매이며 부부인 것처럼, 그리스 신화에서 아버지 우라노스를 제거하고 세계를 제패한 크로노스와 레아 역시 남매이며 부부이다. 그런데 게브와 누트의 간통이야기는 이

■

5 플루타르코스Plutarque는 서기 1–2세기에 살았던 그리스의 작가이다. 그는 250여 권의 저서를 남겼으나 그중 1/3 정도가 오늘날까지 전해진다. 전해지는 그의 저서 중에서 《영웅전》과 《이시스와 오시리스》는 가장 잘 알려진 책이다.

례적인 것이다.

프레이저가 소개하고 있는 이집트 신화에 대한 플루타르코스의 해석은 일반적으로 기원전 500년 이후 프톨레마이오스 시대의 첫 두 왕과 동시대에 살았던 사제이며 역사가였던 마네톤Manéthon이나 피타고라스, 플라톤, 스토아학파, 또는 그노시스파 등이 남겨 놓은 주장들을 조합한 것으로 알려져 있다. 플루타르코스는 이집트의 신들을 그리스 이름으로 지칭하고, 이들 여러 학설들을 조합하여 그리스적인 시각으로 해석한 것 같다.

여하간 태양신 라(플루타르코스는 태양신을 이렇게 불렀다)는 그의 아내인 누트가 대지의 신 게브와 부정을 저질렀음을 알았을 때, 누트가 1년 중 360일 동안에는 아이를 낳을 수 없도록 저주했다. 그런데 그리스식 이름으로는 헤르메스, 즉 달의 신 토트가 누트를 도와주기 위해 달과의 장기 내기에서 매일 하루의 72분의 1씩을 얻었다. "그는 그것을 매일 모아 5일을 만들어서 이집트력으로 1년인 360일에 덧붙였다. 이것이 이집트인들이 태음력과 태양력 사이에 조화를 이루기 위해서 매해 연말에 삽입하는 5일에 관한 신화적 기원이다. 12개월로 된 1년과는 별도로 간주된 이 5일 동안은 태양신이 그 효력을 발휘하지 못하기 때문에 오시리스는 그 첫날에 탄생했다. 오시리스가 탄생할 때에 '모든 사람들의 주인'이 이 세상에 나타나셨다는 선언의 소리가 울려 퍼졌다. 〔…〕 그런데 오시리스는 독자가 아니었다. 그 가산된 5일의 둘째 날에 그 여신은 장자 호루스6를, 셋째 날에는 그리스인들이 티폰이라고 부르는 세트 신을,

넷째 날에는 이시스 여신을, 그리고 마지막 다섯째 날에는 네프티스 여신을 낳았다. 나중에 세트는 그의 누이동생 네프티스와 결혼했으며 오시리스는 그의 누이동생 이시스와 결혼했다"(《황금 가지》 I, pp. 459—460).

이시스 여신은 아몬 라의 자손인 하늘(누트)과 땅(게브)의 딸이다. 이 아몬 라는 늙어서 이시스의 오라버니이며 남편인 오시리스에게 왕권을 양위했고, 이 혜택 받은 부부는 나일 계곡의 풍요를 상징하며 인간에게 농사와 문명과 법률을 가르쳐 주었다.

그런데 오시리스의 동생 세트는 72명의 반역자들과 함께 음모를 꾸몄다. 이 사악한 동생은 몰래 그의 착한 형의 키를 재서 같은 크기의 상자를 만들어 아름답게 치장하고 호기심을 자극했다. 그런 다음 그들이 회식을 즐기고 있을 때에 그 상자를 운반해서 상자에 꼭 들어맞는 사람에게 그것을 선사하겠다는 약속을 했다. 그래서 모두들 시험해 봤으나 아무에게도 맞지 않았다. 끝으로 오시리스가 그 속에 들어가서 누웠다. 바로 그때 음모자들이 달려들어 상자에 뚜껑을 덮고 단단히 못을 치고 납으로 봉한 다음에 그 상자를 나일 강 속으로 던져 버렸다. "이 사건은 오시리스의 통치 또는 생애의 제28년으로, 그리고 아티르 달의 제17일, 즉 태양이 천갈궁

■

6 여기서 "장자 호루스"는 '長子 호루스'가 아니라 '壯者 호루스'란 뜻으로 쓰인 말이다. 일반적으로 그는 '호루스 1세'로 불린다. 한편 이시스와 오시리스 사이에서 태어난 아들은 '아기 호루스', 또는 '호루스 2세'로 구분하는 것이 일반적이다.

에 들었을 때에 발생하였다. 이 소식을 들은 이시스는 슬픔에 잠겨 머리를 자르고 상복을 입고 시체를 찾기 위해서 여기저기를 헤매고 다녔다"(《황금 가지》 I, pp. 460−461).

오시리스의 시체를 담은 상자는 나일 강을 따라 바다에까지 나아가 드디어 레바논 해안의 비블로스에 도달했다. 여기서 에리카 나무에 갑자기 싹이 터서 그 상자를 줄기 속으로 삼켜 버렸다. 이 나라의 왕은 그 나무 속에 오시리스를 담은 상자가 있는 줄도 모르고 그 나무의 빠른 성장에 감탄하여 그것을 베어 왕궁의 기둥으로 만들었다. 이 소식을 들은 이시스는 남루한 옷차림을 하고 비블로스로 가서 눈물을 흘리면서 우물가에 앉아 있었다. 이시스는 아무에게도 말을 건네지 않다가 궁중의 시녀들이 왔을 때에 매우 정중하게 인사를 하고, 시녀들의 머리카락을 다듬어 주고 그녀의 신성한 몸으로부터 신비스런 향기를 그들에게 풍겨 주었다. 그런데 시녀들로부터 말할 수 없는 그윽한 향기를 냄새 맡은 왕비는 알지 못하는 그 여인을 궁전으로 불러들여서 아기의 유모로 삼았다. 그러나 이시스는 아기를 불멸의 존재로 만들기 위해 아기를 불사르기 시작하였다. 그리고 이시스 자신은 제비의 모양을 하고 슬프게 지저귀면서 죽은 남편이 들어 있는 나무기둥 주변을 날아다녔다. 이시스가 하는 행동을 몰래 지켜 본 왕비는 아기가 불꽃에 파묻힌 것을 보고 비명을 지름으로써 아기는 불사不死의 몸이 되지 못하고 말았다. 그 후에 여신은 자기의 신분을 밝히고 그 기둥을 달라고 요청하였다. 그들이 그것을 허락하였기 때문에 이시스는 오시리스의 시체가 들어있는 상자를 기둥에서 잘라내서는 그것을 끌어 안고 슬피 울었다. 그러나 이시스는 그 나무줄기를 마포麻布로 싸고 기름을 부어서 그것을 왕과 왕비에게 선사했다. 이 나무는 오늘날까지도 이시스 신전 속에 있으며 비블로스 사람들에 의해서 숭배되고 있다는 것이다.

이시스는 매로 변신하여 죽은 남편의 시체 위를 날아다니다가 임신했다. 이 아기가 호루스 2세였다. 이 호루스 2세는 젊었을 때에는 하르포크라테스, 즉 어린이 호루스라는 이름을 가졌었다. 북녘의 여신 부토는 그를 그의 숙부 세트의 분노로부터 보호해 주었다. 그러나 여신은 모든 재앙으로부터 그를 보호하지는 못했다. 어느 날 이시스가 아들이 숨어 있는 집에 왔을 때, 그는 전갈에 찔려 이미 죽어 있었다. 그래서 이시스는 태양신 라에게 구원을 요청했다. 라는 여신의 소원을 받아들여 아들을 소생시킬 수 있는 마법의 신 토트를 보내주었다. 이시스가 토트로부터 배운 주문을 외자 호루스의 몸에서 독이 풀리고, 그는 다시 소생하였다.

그리고 이시스가 상자를 남겨둔 채 아들 호루스를 만나러 간 동안, 세트가 그 상자의 주인공이 누군지를 알아보고 그것을 다시 열네 토막으로 잘라 나라 전역에 뿌렸다. 나중에 이시스가 그의 시체 토막을 발견한 곳마다 그곳에 매장했기 때문에 이집트에는 오시리스의 무덤이 많다고 한다. 또 다른 설에 의하면 세트가 오시리스의 무덤을 찾지 못하도록 하기 위해서 가는 곳마다 오시리스의 인형을 매장했다. 그래서 사람들은 도처에서 오시리스를 숭배하게 되었다고 한다. 오시리스의 생식기는 곤충과 물고기가 먹어 버렸기 때문에 이시스는 그 대용품을 만들었다. 그래서 이 대용품은 오늘날까지도 이집트인들에 의해서 그 제례 때에 사용되고 있다.

기원전 1세기 그리스 역사가인 디오도루스 시쿨루스에 의하면, "이시스는 생식기를 제외한 시체의 모든 부분을 찾아냈다. 또 이시스는 남편의 묘소를 알지 못하도록 하기 위해서, 그리고 이집트에 살고 있는 모든 사람들에 의해서 존경받기를 원해서 다음과 같은 방법을 썼다. 즉, 오시리스와 똑같이 그 육체의 모든 부분을 하나하나 밀랍과 향료로 조상을 만들었다. 다음에 이시스는 사제들을 불러서 그녀가 그들에게 준 신용을 아무에게도 발설하지 말도록 맹세하게 했다. 그리고 이시스는 비밀히 그들 각자에게 그들에게만 시체의 매장을 부탁한다고 말하고, 그들에게 그들이 받은 혜택을 상기시키면서 오시리스를 신으로서 숭배토록 하기 위해서 이집트 전 지역에 그 시체를 묻도록 권하였다. 또한 이시스는 그들 나라의 동물들 중에서 그들이 선택한 것 하나를 바쳐서, 그것이 살아 있는 동안에는 이전에 오시리스를 존경한 것과 같이 존경하고 그것이 죽었을 때에는 오시리스를 장례 치른 것처럼 장례식을 치르도록 그들에게 탄원하였다. 그리고 이시스는 위에서 말한 명예를 주어 사제들을 격려한다는 의미로 그 국토의 3분의 1을 주어서 신들에게 봉사하고 예배하는 데 쓰도록 하였다. 따라서 사제들은 오시리스의 혜택을 늘 염두에 두고 왕비를 만족시키려고 애썼고 또 이익도 예상되었기 때문에 이시스의 명령을 빠짐없이 실행하였다. 이런 까닭으로 인해서 사제들은 오늘날까지도 오시리스가 자기 나라에 매장되었다고 믿으며 시초에 성화聖化된 동물을 존경한다. 그리고 그 동물이 죽어서 매장할 때에는 새롭게 오시리스를 애도하였다. 그러나 아피스Apis로 불리기도 하고 므네비스Menevis라고 불리기도 하는 신성한 황소가 오시리스에게 봉헌되는데 이 동물은 다른 동물들보다도 씨를 뿌릴 때에나 전반적인 농업상의 이익을 얻을 때에 경작자를 도와주기 때문에 온 이집트인들에 의해서 숭배 받도록 규정되었다"(《황금 가지》 I, p.463에서 재인용).

덴데라에 있는 신전의 비문에는 오시리스의 찢겨진 육체의 각 부분이 묻혀 있는 묘소들이 기록되어 있으며, 또 각 성소마다 신성한 유물로 비장秘藏된 신의 육체의 각 부분에 관해서 언급되어 있다. 예를 들면, 그의 심장은 아트리비스에, 등뼈는 부시리스에, 목은 레토폴리스에, 그리고 머리는 멤피스에 있다고 한다. 어떤 부분은 기적적으로 그 수가 증가되어 있다. 예컨대, 그의 머리는 멤피스뿐만 아니라 아비도스에도 있고, 그의 다리는 놀라울 정도로 많았는데, 그 수가 보통 사람의 몇 사람분에 해당할 정도였다고 한다.

그리고 슬픔에 잠긴 두 자매 이시스와 네프티스의 애도는 무익하지 않았다. 태양신 라는 그들의 슬픔에 연민을 느껴 재칼의 머리를 한 아누비스를 하늘에서 내려 보냈다. 이 신은 이시스와 네프티스, 그리고 토트와 호루스의 도움을 받으면서, 살해된 신 오시리스의 찢긴 시체를 수습하여 잇고 헝겊으로 싸서 이집트인들이 죽은 사람의 몸에 행하는 것과 꼭 같은 모든 의식을 거행하였다. 다음에 이시스는 그녀의 날개로 차가운 진흙을 부채질했다. 오시리스는 다시 살아났고, 그 후에 저승의 왕이 되어 죽은 사람들을 다스렸다. 그는 거기서 '저승의 주님', '영원의 주님', '사자死者들의 통치자'라고 불리었다. 그리고 그는 이집트의 중요한 지방 곳곳에서 모인 42명의 배석 판사들의 보좌를 받으면서 '두 진리의 대회당'에서 죽은 사람들의 영혼을 심판하는 심판자의 역할을 하였다. 죽은 사람들은 그 앞에서 엄숙히 참회하고 그 마음을 정의의 저울에 달아서 영원한 생명의 세계에서 미덕에 대한 보수를 받거나, 혹은 그 죄에 해당하는 벌을 받았다고 한다.

토착 전설에 의하면 오시리스는 비명횡사했으나, 곧 부활하여 그 후에 신으로서 숭배되는 인자한 이집트의 왕이었다. 이 전설과 맞게 그는 조각가나 화가에 의해서 보통 죽은 왕의 모습으로 표현되고, 미라를 싸는 천으로 싸여졌다. 그러나 그는 머리에 왕관을 쓰고 헝겊을 감지 않은 한 손에는 임금의 홀을 들고 있다. 다음에 말하는 두 도시가 다른 도시보다도 그의 신화나 기억과 깊이 관련되어 있었다. 그 하나는 하부 이집트에 있는 부시리스인데, 이 도시는 오시리스의 등뼈를 갖고 있다고 주장한다. 또 하나의 도시는 상부 이집트의 아비도스로서 이 도시는 신의 머리를 갖고 있다고 자랑스럽게 여긴다. 아비도스는 원래 이름도 없는 곳에 지나지 않았으나, 아직 살아 있는 신의 후광後光에 의해서 고 왕국의 말엽부터 이집트의 가장 신성한 곳이 되었다. 이집트인들이 오시리스의 묘지에 대하여 갖고 있는 성스러운 마음은 기독교도가 예루살렘에 있는 성묘聖廟 교회에 대한 경외敬畏의 마음을 갖는 것과 같았을 것이다. 경건한 이집트인들은 죽은 후에 오시리스 묘지 근처의 성스러운 땅에 묻히는 것을 영광으로 여기고 그렇게 되기를 원했다. 이상이 오시리스 신화에 대한 프레이저의 기록이다.

한편 이시스 여신에 대한 신화는 이집트로부터 그리스와 로마로, 그리고 서부 유럽으로 옮겨 가면서 숭배의 정도를 더해 간다. 플루타르코스가 그의 《이시스와 오시리스》에서 기술하고 있는 이야기를 통해서, 그리고 재구성된 여러 단편들을 통해서 파라오 시대의 이시스 신화에 대한 특징들을 파악할 수 있게 된 것이다.

이시스 여신에 대한 제례는 전체적으로 보아서 마음이 괴로운 자를 위로하고, 무거운 짐을 진 자의 마음을 편안하게 하는 데에 가장 적합한 위엄과 정밀靜謐, 엄숙과 단정이라는 특징을 지녔던 것 같다. 그러므로 이것은 다른 여신을 위한 잔인하기도 하고, 또한 음탕하기도 한 의식을 못마땅하게 생각하고 있던 여성들에게 강한 호소력을 지녔던 것이다. 그리하여 전통적인 신앙에 동요가 일고, 한때는 영원한 것으로 믿어졌던 제국 자체의 조직이 균열의 전조를 나타내기 시작했던 쇠퇴기에 영적인 고요함과 영생永生의 약속을 주는 이시스의 온화한 모습이 많은 사람들의 마음을 사로잡았으며, 중세기에 성녀 마리아에게 바쳤던 것과 같은 신앙의 환희를 그들의 가슴속에 일으킨 것이다. 삭발한 사제, 아침과 저녁의 기도, 울리는 음악, 세례와 성수 살포, 엄숙한 행렬, 보석을 박은 모신상母神像 등으로 되어 있는 이시스의 장엄한 의식은 가톨릭교회의 성대한 의식과 여러 가지 유사점을 나타내고 있다. 이 유사성은 단순한 우연이라고 말할 수는 없다. 그림에 나타난 갓난아기 호루스에게 젖을 먹이는 이시스의 모습은 마리아와 그 아들의 모습과 너무나 닮았기 때문에, 때로는 기독교도들도 이시스 여신의 모습과 마리아의 모습을 혼동하기도 했으며, 또 존경을 바치기도 했다. 이러한 이시스와 마리아의 이미지에 대하여 19세기 프랑스의 한 시인은 이 사실을 분명히 지적하고 있다. 제라르 드 네르발은 그의 〈이시스〉에서 다음과 같이 증언하고 있다.

> 모든 민중에게 있어서 '성지'聖地에 대한 관념은 최초의 전설들에 대한 기억과 후손이 바치는 일종의 경배와 관련을 갖고 있다. 성수聖地에 대한 관념은 신자들이 축성과 정화의 기능을 하는 것이었다. 이러한 관념은 이 두 종교(이집트 종교와 기독교) 사이에 연구할 만한 특별한 관련성이 있다는 것을 보여준다. 즉, 구중의 한 종교는 말하자면 다른 종교로 이행하는 변화의 단계로 이용된 것이다.

이시스 여신은 근본적으로 두 가지 모습을 띠고 있다. 그것은 우주적 어머니인 자연이라는 면모와 속인에게는 베일에 가려져 신비적 비밀을 간직하고 있는 여신의 모습이다. 또한 위 인용문에서 지적하고 있듯이, 이시스를 위한 이집트 밀교는 기독교의 근원이 되었다는 것을 부정할 수 없을 것 같다.

또한 이시스는 죽은 남편에게 생명을 되돌려 줄 수 있었기 때문에 생명을 치유하는 마법의 여신이며 오시리스의 성기를 되살렸기 때문에 농경적 풍요를 관장하는 여신이 된다. 더욱이 호루스 2세의 어머니며 보호자이므로, 사랑을 베풀며 유아의 보호자이며 인자한 어머니이다. 이시스는 그리스의 아프로디테와 동일시되고 있으나, 아프로디테가 갖고 있는 미와 질투의 개념을 갖고 있지 않다. 또한 그리스의 데메테르 여신과 동일시되고 있으나, 데메테르가 갖고 있는 남성에 대한 증오의 감정을 이시스는 갖고 있지 않다. 따라서 이시스 여신은 자신의 이해利害를 초월한 사랑의 여신이다.

이시스는 마법의 능력을 지녔기 때문에 오시리스 다음가는 제2인자의 위치를 벗어나 이집트 신전의 최고 서열에 오르며, 태양신 레의 권능과 대등한 위치에까지 오르기도 한다. 그녀는 진흙과 레 신이 흘린 침으로 빚어낸 뱀에 마법을 걸어 살아 있는 독사를 만들어냈다. 이 뱀을 풀어 이집트를 방문한 레 신을 물게 하여 심한 고통을 가했다. 이시스는 레가 그의 이름의 비밀을 밝혀준다는 조건으로 그를 치료해 준다. 그리하여 "레 신을 그의 이름 자체를 알게 된 이시스, 신들의 주인"[7]이 된다. 태양신이 이시스에게 굴복

7 '토리노의 파피루스'Papyrus de Turin에 기록된 문장이다. '토리노의 파피루스'란 이탈리아의 토리노 박물관에 소장된 파피루스 문서로서, 이 문서를 옮겨올 때 상당한 손상이 있었다고 한다. 이 문서는 기원전 1290년경 람세스 2세 때 작성된 것으로, 이집트를 지배한 신들과 왕들의 리스트가 기록되어 있는 고문서이다.

하여 자신의 진정한 이름의 핵심을 제외하고 얼버무리는 부분이 '토리노 파피루스'에 기록되어 있다. 조지 하트가 옮겨놓은 그 기록을 우리말로 옮기면 다음과 같다.

하늘과 땅의 창조자,
산들을 빚어낸 자,
'대범람'(최초의 암소의 모습을 한 여신)을 위해 물을 창조한 자,
성적인 즐거움으로부터 자손이 생겨나도록 암소를 위해 수소를
　　만들어준 장본인,
범람을 통제하는 자,
아침에는 케프리Khépri,
정오에는 레Rê,
저녁에는 아툼Atoum.

그러나 태양신이 이시스에게 말한 그 비밀스런 이름은 이시스가 비밀을 지키기로 약속했기 때문인지, 또는 기록이 훼손되어서인지 알 수 없지만, 파피루스의 기록에는 포함되어 있지 않다고 한다.

위에서 지적했듯이, 그리스인은 이시스를 곡물의 여신, 즉 데메테르와 동일시했다. 이시스가 남편을 잃은 것처럼, 데메테르 여신은 딸 페르세포네가 지옥의 신 하데스에 의해 유괴되는 변을 당한다.

이시스 여신은 이집트 이후의 문명에서도 계속 살아남아 전 우주적 여신으로 확대되었다. 그리스가 헤게모니를 갖고 있던 시대

에 이시스 신화는 이중의 변화를 겪는다. 이시스 신화는 그리스 신화화神話化 됨과 동시에 로마 제국에서는 여신에 대한 숭배가 거의 유일신화唯一神化 된다.

플루타르코스는 《이시스와 오시리스》에서 이시스가 남편의 시체를 찾는 이야기 속에 그리스적 영감의 삽화를 접목시킴으로써 이시스와 데메테르의 유사성을 내세운다. 앞에서 이미 설명한 바와 같이, 이시스 여신이 비블로스에서 오시리스의 시체를 찾아 헤매고 있을 때, 여신은 그곳 왕자의 양육을 떠맡게 된다. 어느 날 여신이 아이의 육체를 불태워서 그에게 불멸성을 부여하려고 했을 때, 이 아이의 어머니가 놀라서 그것을 방해함으로써 뜻을 이루지 못한다. 이와 같은 이야기는 데메테르의 전설에서 빌려온 것으로 보인다. 데메테르는 여신이 돌보던 유아 트립토레모스에게 불멸성을 제공하려 했으나 어머니의 방해 때문에, 그를 농경의 창시자로 만들었다고 한다.

그리스로 이주한 이시스는 엘레우시스Eleusis 신전에 포함되었고, 데메테르 여신처럼 신비적 숭배의 대상이 된다. 이시스 여신과 동일시된 그리스의 데메테르 여신의 신화를 살펴보고 다음 이야기로 넘어가는 것이 좋을 듯싶다.

데메테르는 크로노스와 레아의 딸이며, 지구의 어머니 여신이다. 또한 제우스의 아내인 헤라와 동시대의 세대에 속한다. 데메테르는 우주의 구성분에서 태어난 가이아와는 매우 차이가 난다. 그녀는 경작지의 신성이며 밀의 여신이다. 여신의 신화는 밀을 재배하는 그리스의 모든 지역, 특히 엘레우시스와 시칠리아의 평야지대와, 그리고 크레타, 트라케, 펠로포네소스 등에 광범위하게 퍼져 있었다.

데메테르의 신화는 여신의 딸 페르세포네와의 모험이 그 중심을 이루고 있다. 이것은 엘레우시스의 신비에의 비전전수가 그 깊은 의미를 밝히고 있는 신화 중의 하나이다. 페르세포네는 제우스와 데메테르의 유일한 딸로서 제우스의 배다른 딸들인 아테나와 아르테미스와 함께 행복하게 지내고 있었는데, 어느 날 그녀의 숙부인 하데스가 그녀에게 반하여 유괴해 가고 만다. 유괴 장소는 시인에 따라 서로 차이가 있으나 시칠리아의 평원, 미사 평원, 또는 크레타 섬 등으로 거론되고 있다. 여하간 이 처녀가 수선화 또는 백합을 꺾고 있을 때 갑자기 땅이 열리고 하데스가 나타나서 그녀를 지옥의 세계로 끌고 갔다고 한다.

이때부터 데메테르는 딸을 찾아서 온 세상을 떠돌아다닌다. 열흘 밤낮을 먹지도 마시지도 목욕도 화장도 하지 않고 양손에 횃불을 들고 헤맨 결과, 열흘째 되는 날 아이들을 돌보는 보모, 또는 마법사 헤카테 여신을 만났다. 그러나 헤카테는 페르세포네의 비명 소리를 들었으나 유괴자의 얼굴이 어둠에 가려 있어서 누군지 알 수 없었다고 말했다. 태양만이 모든 것을 보았고 무슨 일이 일어났는지 그녀에게 알려줄 수 있었지만, 아르고리드의 지방 전통에 의하면 유괴자를 밝힌 것은 아르골리스의 도시 헤르미오네의 주민들이었다. 여신은 화가 나서 하늘로 올라가지 않고 자기 딸을 찾을 때까지 여신의 직분을 포기하고 지상에 남아 있기로 결심했다. 여신은 할머니의 모습으로 변장하고 엘레우시스로 왔다. 먼저 바위 위에 앉았는데, 그 이후 이 바위는 '기쁨 없는 바위'라는 이름을 갖게 되었다. 그녀는 당시 그 지역을 통치하고 있던 셀레오스 왕에게 가서 그곳 노파들 속에 끼어들었다. 그리고 여신은 셀레오스의 아내의 수발을 들고 왕자 트립토레모스의 유모가 된다. 어느 날 여신이 이 아이를 불에 태워서 불멸성을 부여하려고 했을 때, 이 아이의 어머니가 그것을 방해하여 뜻을 이루지 못한다. 그러나 자신이 여신임을 밝히고, 데메테르는 트립토레모스에게 밀 경작의 방법을 세상에 퍼트리는 임무를 부여했다.

이와 같이, 그리스 사람들은 이시스와 데메테르의 신화를 뒤섞어 놓고 있다는 것을 알 수 있다.

그리스의 영향에 의해, 이시스 숭배는 프톨레마이오스 시대의 이집트에서 새로운 모습을 갖게 된다. 라지드[8] 왕조 시대의 여왕을 이시스 여신과 동일시했고, 클레오파트라[9]는 '네아 이시스'Nea

8 프톨레마이오스 시대의 이집트는 기원전 330–305년 사이 15명의 군주가 이집트를 지배한 시대를 말하며, 이 시대의 왕조를 라지드 왕조Lagides라 불렀다. 라고스의 아들이며 마케도니아의 귀족이었던 프톨레마이오스는 알렉산드로스의 휘하 장군으로서 알렉산드로스가 죽은 후 이집트를 장악하고 왕이 되었으므로 그의 성을 따서 라지드 왕조라 칭하게 되었다.

9 일반적으로 알려져 있는 미모와 지성을 갖춘 클레오파트라는 7명의 클레오파트라 중 클레오파트라 7세였다. 그녀는 로마의 장군 안토니우스를 유혹하여 자신의 왕국을 유지하였으나, 후에 로마의 주인이 된 옥타비아누스에 의해 화해가 거부되고, 그녀는 자살로 내몰리게 되었다.

Isis, 즉 새로운 이시스로 불려졌다. 이시스의 신성은 나일 계곡뿐만 아니라 전 이집트의 상징 그 자체였다. 기원전 1세기경부터는 문명과 입법 외에도 문자와 언어를 발명한 신성이 되며, 드디어는 하늘과 지상과 지옥을 지배하는 우주의 창조자가 되어 유일신성과 범신론적인 신성을 지닌 여신으로 숭배된다.

이집트인의 도덕성과 종교관의 핵심은 오시리스의 신화에서 기인한다. 그의 신화는 역사의 반영일 뿐만 아니라 차원 높은 영적 내용의 반영이었다. 세기가 흐르면서 그것은 점점 흐려지고 단편적이며 서로 상충되는 일화들이 쌓여가면서 혼잡해진다. 그럼에도 불구하고 민속적이고 종교적인 면에서 대단한 가치를 지닌 이 신화는 수천 년의 문명에 의해서 유연성을 잃게 된 우리의 정신에 시사하는 바가 크다.

오시리스의 신화는 몇 가지 분명한 사건으로 종합될 수 있다.

에덴동산의 인류를 보살펴 준 아툼과 슈와 게브로 이어지는 세 신들의 통치 기간이 지난 후, 오시리스의 통치로 이어진다. 에덴을 잃은 인류와 함께하기 위해서 이 절대자는 스스로 인간이 된 것이다. 고통 받고 죽어가는 자신의 존재를 의식하고 삶에 책임을 져야 하는 인류의 고난의 길을 함께하고, 그리고 학대받는 희생자로서의 인간들 중에서 최초의 인간으로 태어난 것이다. 자신의 친동생에 의해 토막 살해된 그는 창조자와 피조물을 이어주는 끝없는 사랑에 의해 영원한 삶을 갖고 부활한다는 확신을 인간들에게 심어 준다. 이것은 피조물의 근본 의미로서의 사랑과 부활의 증언이며, 피조물 자신에 의해서 주어진 증언, 매일매일 언제나 사라졌다 다시 태어나는 태양에 의해서 주어지는 증언이다. 이러한 확신은 여러 세기를 지나면서 그리스와 로마와 기독교의 신화에 침투하여 부활과 사랑의 참의미를 상징적으로 전달해 준다.

오시리스-이시스 신화의 핵심을 이루고 있는 이 깊은 사랑은 이시스 여신의 모습에서 가장 경건하고 감미롭게 표현되고 있으며, 고대의 젊은 인류가 상상한 가장 인간적이고 열정적인 인간상을 지닌 여신의 모습을 보여 주고 있다. 우리는 여신에게 바쳐진 사원들과 조상들을 로마 제국 전체에서 발견할 수 있으며, 폼페이에서는 기원전 1세기에 여신을 위해 축성된 신전의 유적을 오늘날에도 볼 수 있다. 오시리스가 자연의 힘 자체에 내재하는 부활의 권능을 표현하고 있는 것이라면, 이시스는 부활에 대한 보장과 약속과 죽음에 대한 결정적 승리를 보여 주는 것이다.

오시리스와 이시스의 신비는 그리스와 소아시아에 받아들여졌으며, 이집트의 우주생성관은 피타고라스에 의해 받아들여졌다. 아케나톤의 사랑이 숨쉬는 범신론적인 이 종교의 경험은 그리스와 헤브라이의 사고체계와 같은 상반되는 사고체계에까지 도처에 그 흔적을 남기고 있다.

2. 그리스 신화

오시리스와 이시스를 중심으로 전개되는 이집트 신화 속의 신은 결국 이집트의 군주와 연결됨으로써 신과 인간으로서의 구별이 모호해진다. 이집트 신화에서는 신들이 특정 동물의 모습을 띠기도 하지만, 그리스의 신화에서는 신인동형神人同形으로 신과 인간의 구별이 더욱 불분명해진다. 더욱이 신들은 인간의 사소한 일에까지 사사건건 간여하고 인간과 뒤엉켜 골치 아픈 문제를 일으키기도 한다. 특히 사랑의 문제에서는 더욱 그렇다.

그리스 신화는 이집트가 아직 신화를 창조해 가고 있던 기원전 9세기부터 로마가 그리스 문화를 완전히 흡수하는 서기 4세기에 이르기까지의 신화들을 포함하고 있다. 우주생성 신화와 신들의 출생과 인간의 출현과 관련된 이 신화에는 제우스가 패권을 잡을 때까지의 이야기와 그 이후의 신들의 이야기가 포함되어 있고,

아르고 선의 원정, 헤라클레스, 테세우스, 율리시스, 오이디푸스 등의 모험담과 같은 영웅무용담, 그리고 트로이아 전쟁과 같은 서사시적 전설이 포함된다.

기원전 7-6세기경에는 그리스인들의 종교는 우라노스와 제우스로 이어지는 신들을 숭배하는 일종의 공식적인 종교와 농경과 관련된 디오니소스 신과 데메테르 여신을 숭배하는 민간 종교로 구별된다. 후자는 주로 엘레우시스가 그 중심이 되었으며 제례는 은밀한 종교의식에 의해서 진행되었다. 그러나 디오니소스와 데메테르는 모두 공식적 종교의식에도 포함되기 때문에 두 종교의식 간의 불화와 충돌은 없었던 것으로 보인다.

천지창조와 신들의 탄생

그리스인들도 역시 천지창조와 신들의 탄생에 관한 신화로부터 시작한다. 그들은 적어도 세 종류의 우주생성론을 갖고 있었다.

태초에 대하大河를 상징하는 오케아노스가 평탄한 대지를 원반형으로 둘러싸며 흐르고 태양과 별도 그 속으로 흡수되었다가 새로운 에너지를 얻고 떠오른다는 것이다. 오케아노스는 만물의 근원이며 신들을 만드는 존재이기도 하다. 이런 종류의 우주생성론은 기원전 8세기의 서사시인 호메로스의 작품에서 확인할 수 있다.

두 번째는 우주와 세계의 모든 것은 원시란原始卵에서 만들어졌다는 것이다. 이 원시의 '우주란'宇宙卵은 창세 신화의 한 패턴이긴 하지만, 고대 그리스에서는 오로지 '오르페우스 유형의 시詩'[10]

에만 등장한다. 이 시에는 세계 형성의 초기 단계에서 알〔卵〕이 깨어짐으로써 신들이 탄생한다. 또한 오르페우스교의 창세 신화에는 '우주란' 이외에도 만물의 기원인 닉스(밤)가 중요한 역할을 한다.

세 번째는 그리스 신화에서 가장 중요한 창세 신화의 한 유형으로 태초에 '카오스'가 있었다. 카오스에 대하여 이오니아학파는 원시의 물이라 하고, 스토아학파는 서로 다른 원소들이 혼합된 무형의 거대한 덩어리로, 아리스토텔레스는 완전히 열려 있는 텅 빈 공간 속에 모든 것을 함유하고 있는 공간으로, 시인 헤시오도스는 그의 《신통기神統記》에서 어두운 암흑의 대기로 보았다. 또한 오비디우스는 《변신 이야기》에서 우주의 기원을 다음과 같이 쓰고 있다.

> 바다도 없고 땅도 없고 만물을 덮는 하늘도 없었을 즈음, 자연은 온 우주를 둘러보아도 그저 막막하게 퍼진 듯한 펑퍼짐한 모양을 하고 있었다. 이 막막하게 퍼진 것을 카오스라고 하는데, 이 카오스

■

10 '오르페우스 유형의 시'Poèmes orphiques란 여러 다른 시대와 형식을 포함하고 있으나, 오르페우스의 이름과 관련되어 있는 문학작품들을 총칭하는 말이다. 그러나 그 문학작품이 오르페우스와 직접 관련되어 있는지 그 진위가 분명치 않은 문학도 포함하고 있다. 가장 오래된 것으로 기원전 6세기에 시작된 신비주의 음유시인의 작품으로 간주되는 작품들과 호메로스와 헤시오도스의 시에 기록되어 있는 신통계보학적 작품들이 이에 속한다. 그리고 그 이후의 작품으로서는 1-2세기의 노래 《아르고나우티카》 등이 오르페우스의 신비주의와 관련된 작품으로 인정되고 있다.

는 형상도 질서도 없는 하나의 덩어리에 지나지 못했다. 말하자면 생명이 없는 퇴적물, 사물로 굳어지지 못한 모든 요소가 구획도 없이 밀치락달치락하고 있는 상태일 뿐이었다. 〔…〕 대지와 바다와 공기를 이루는 요소가 있기는 했다. 그러나 땅 위로는 걸을 수가 없었고 바다에서는 헤엄칠 수가 없었으며 대기에는 빛도 없었다. 말하자면, 제 모습을 제대로 갖추고 있는 것은 하나도 없었다. 만물은 서로 반목하고 서로 방해만 했을 뿐이었다. 한 가지 질료 안에 있으면서도 추위는 더위와, 습기는 건기乾氣와, 부드러움은 딱딱함과, 무거움은 가벼움과 싸우고 있었다.

이 같은 반목에 종지부를 찍은 이는 이런 요소들보다는 훨씬 빼어난 자연이라는 신이었다. 신에 다름 아닌 이 자연은 하늘로부터는 땅을, 땅으로부터는 물을, 무지룩한 대기로부터는 맑은 하늘을 떼어놓았다. 자연은 서로 떨어질 수 없는 지경에서 이들을 떼어내고는 서로 다른 자리를 주어 평화와 우애를 누리게 했다. 무게라는 것이 없는 창궁蒼穹의 불과, 사물을 태우는 힘은 가장 높은 하늘로 날아올라가 거기에 자리를 잡았다. 가볍기로 말하면 불 다음인 공기는 바로 그 밑에 자리했다. 이 두 가지보다도 밀도가 높은 대지는 단단한 물질을 끌어당겨 붙이면서 스스로의 무게 때문에 하강했다. 사방으로 퍼져 있던 물은 맨 나중 자리를 잡고 이미 굳어진 대지를 싸안았다.

이 조물주가 어떤 신이었든, 좌우지간 이 신은 혼돈을 이루고 있던 물질의 덩어리를 정리하고 구분하고 각각 그 있을 곳에다 배치한 뒤 우선 대지를, 어느 쪽에서 보아도 그 모양이 똑같도록 거대한 공 꼴로 만들었다. 그러고는 바다를 사방으로 펼치고 거친 바람으로 풍랑을 일으킨 뒤 땅 주변에 펼쳐진 해안선을 빠짐없이 둘러싸게 했다. 이어서는 샘, 큰 호수, 그리고 연못을 파고, 흐르는 강 양쪽으로는 꾸불꾸불한 둑을 만들었다. 강은 제각기 다른 방향으로 흘러 갔다. 강 가운데에는, 흘러가다 대지 속으로 빨려 들어가 버리는 강도 있었고 멀리 흘러가 이윽고 망망한 대해원大海源의 품에 안겨 초록빛 강변 대신에 단애斷崖의 바위를 씻는 것도 있었다. 신은 또 땅을 골라 평지를 만들고, 골짜기를 파고, 숲에는 나무가 빽빽하게 들어차게 하고, 험한 산을 세우기도 했다(오비디우스, 《변신 이야기 1》, 이윤기 옮김, pp. 15—17).

그리스인들이 생각한 천지창조는 오늘날 과학자들이 확인하고 있는 빅뱅 이전과 직후의 우주와 유사하지 않은가! '우주란', 그것은 '무한히 작은 점' 속에 뒤섞여 있는 물질들이 끓어오르고 있는 빅뱅 직전의 우주를 상상하게 한다. 누가 이 '우주란'을 터트려서 오늘날의 우주를 만들었나에 관해서는 기독교도들과 그리스인들의 생각에는 차이가 있다. 기독교는 모든 것을 신의 책임으로 돌리고 있으나, 그리스인들의 생각은 신이 세상을 창조한 것이 아니라 우주가 신들을 창조한 것으로 믿었던 것으로 보인다.

기원전 8세기경에 기록된 헤시오도스의 《신통기》에 의하면, 우주의 존재 이전 신도 없는 텅 빈 공간인 카오스에서 최초의 요소, 즉 대지大地 가이아Gaïa와 사랑 에로스[11]가 태어난다. 《신통기》에

■

11 에로스Eros에 관한 신화는 매우 다양하다. 그가 카오스에서 직접 태어났다고도 하고, 이와는 달리 헤르메스와 아프로디테(우라니아의 딸), 또는 헤르메스와 아르테미스(제우스와 페르세포네의 딸)의 아들이라고도 한다. 한편 에로스는 다른 신들과 인간들의 애정에 개입하여 수많은 설화를 낳은 장본인물이지만, 정작 자신과 프시케와의 사랑은 어려운 과정을 겪는다.

서 세계가 만들어지는 데에 가장 중요한 역할을 하는 것은 가이아이다. 가이아는 독자적인 힘으로 천공의 신 우라노스를 낳았다. 우라노스까지는 분리에 의해 태어났지만, 이후에 생겨난 신들과 사물은 모두 성적 결합으로 탄생된 것이었다. 이처럼 최초로 신들과 사물의 생산 활동에 관여하는 것은 카오스와 가이아뿐이며, 에로스는 결합의 원리로만 작용하는 것으로 생각했다.

가이아는 우라노스와 교합하여 최초의 식물들과 오케아노스 등 12명의 남여 티탄 신족을 낳았고, 계속해서 키클로프(외눈 거인들)와 3명의 헤카톤케이레[12]를 낳았다.

그러나 괴상한 모습에 강한 힘을 가진 자식들을 미워한 우라노스는 그들을 강제로 아내인 가이아의 태내로 집어넣어 버렸다. 괴물들을 뱃속에 지닌 채 고통스러워하던 가이아는 남편에게 복수하기 위해 규석硅石으로 무기를 만들었다. 그리고 티탄 신족에게 그것으로 우라노스를 벌주도록 요청했다. 그러나 우라노스를 두려워하던 티탄들은 모두 달아나버리고 막내인 크로노스가 자청하고 나섰다. 크로노스는 가이아가 일러준 장소에 숨어서 우라노스가 오기를 기다렸다. 이윽고 가이아와 교합하기 위해 우라노스가 내려와 그녀의 몸 전체를 감싸자 세계는 온통 어둠에 휩싸이게 되었다. 그때 크로노스는 우라노스의 성기를 잘라 멀

12 헤카톤케이레Hécatonchires는 우라노스와 가이아의 아들로서 각자 50개의 머리와 100개의 팔을 가진 괴물이다. 이들은 나중에 제우스와 티탄들, 그리고 제우스와 크로노스와의 투쟁에서 제우스의 편을 든다.

리 바다에 던져 버렸다. 바다에 떨어진 우라노스의 성기에서 정액의 하얀 거품이 일어나, 그 거품 속에서 미의 여신 아프로디테가 태어났다고 한다.

제1세대인 아버지를 권력으로부터 추방하고 세계의 지배권을 장악한 크로노스는 누이 티타니데스인 레아와 결혼하여 불의 여신 헤스티아, 농업의 여신 데메테르, 제우스의 아내가 되는 헤라, 명부의 지배자 하데스, 그리고 바다의 왕이 되는 포세이돈을 낳았다. 그러나 우라노스와 가이아의 신탁에 의해 왕위를 빼앗길 것을 두려워한 크로노스는 자식들을 차례차례 삼켜 버렸다. 슬픔에 젖은 레아는 막내인 제우스를 임신하자 그 아이만은 살리고자 어머니 가이아의 도움으로 크레타에서 몰래 출산하고, 남편에게는 강보에 싼 돌을 신생아라고 속여 삼키도록 했다.

성장한 제우스는 거인들의 도움을 받아 아버지가 과거에 삼켰던 형과 누이들을 토해내게 했다. 그리하여 제우스를 중심으로 한 올림포스의 신들은 권력을 되찾으려는 크로노스가 이끄는 티탄 신족과 싸우게 되었는데, 이것이 티타노마키아Titanomachie(제우스에 대한 티탄들의 전쟁)이다. 전쟁의 막바지에 제우스는 가이아의 권고에 따라 땅 밑에 갇혀 있던 키클로프들과 헤카톤케이레들을 지상으로 해방시켜 자기 편으로 만들었다.

그리고 격렬한 공방전 끝에 승리를 얻은 제우스는 티탄 신족과 크로노스를 타르타로스에 유폐시켰다. 또한 제우스는 가이아와 타르타로스 사이에서 태어난 티폰13과 싸워 승리함으로써 드디어 신들의 세계에서 절대적 패권을 잡게 된다. 그는 올림포스 산에 자기의 형제들과 누이들을 정착시키고 균형과 정의와 세계의 평화를 회복시킨다.

제우스가 올림포스 산에 정착시킨 제3세대에 속하는 신들은 헤스티아(불과 화로의 여신), 데메테르(대지의 여신), 헤라(결혼의 여신), 하데스(지옥 신), 포세이돈(바다의 신)이며, 제4세대의 신들은 아프로디테(미의 여신), 아폴론(예언과 예술의 신), 아르테미스(야성과 순결, 사냥의 신), 헤파이스토스(기술과 대장간, 불의 신), 아테나(가정과 지혜의 여신), 아레스(전쟁의 신), 헤르메스(상업과 전령의 신), 디오니소스(포도주와 광기의 신) 등이다.

인류의 탄생과 프로메테우스

인류 창조에 관한 그리스의 설화에는 수많은 이설들이 존재한다. 우리들은 어디에서 왔을까라는 의문에 대한 헤시오도스의 설명 가운데 가장 유명한 것은 인류의 역사를 5세대에 걸친 타락의 역사로 그리고 있는 것이다. 헤시오도스의 《노동과 나날》에 따르면, 최초의 인류는 크로노스 시대에 올림포스의 신들이 창조한 '황금의 종족'이었다. 그 시대의 사람들은 노동과 고뇌, 병고 등을 몰랐

13 티폰Typhon은 가이아와 타르타로스 사이에서 태어났으며, 그의 몸은 용과 뱀으로 된 거대한 괴물 신이다. 신들의 싸움에서, 그는 제우스의 마지막 적대자였다. 제우스는 결국 그를 에트나 화산에 던져 넣어 승리를 거두고 신들의 제왕이 된다. 그리스 사람들은 그를 이집트의 세트 신과 동일시했다.

고 완전한 행복과 풍요 속에서 생을 보내다가 잠자듯 생을 마쳤다.

다음으로 제우스가 세계를 지배하게 되었을 때, 올림포스의 신들은 '은의 종족'을 만들었다. 그러나 그들은 황금의 종족보다 열등한데다 오만하여 신들을 존경하지 않았기 때문에 신의 노여움을 사서 지하로 쫓겨 갔다.

다음으로 제우스는 '청동의 종족'을 창조했다. 그들은 은의 종족보다 더욱 오만하고 전쟁과 폭력을 일삼는 난폭한 종족이었다. 제우스는 이들을 말살하기 위해 대홍수를 일으킨다. 이 홍수에서 두 명의 정의로운 남녀 인간이 살아남는다. 그들은 프로메테우스의 아들 데우칼리온과 에피메테우스와 판도라의 딸 피르라였다. 방주 덕택으로 살아남은 이들은 부부가 되어 인류를 재생케 하고 그리스의 여러 민족, 즉 도리아인, 아이올로스인, 아카이아인, 그리고 이오니아인의 원조가 되었다고 한다. 이 대홍수 이야기는 그 이후의 기독교 신화에서뿐만 아니라 세계 여러 민족의 설화에서도 거의 유사한 모습으로 전해진다.

이어 제우스는 '영웅 종족'을 만들었는데, 그들은 용맹성에 의해서 불사不死의 반신半神이 되었다. 그들은 청동시대의 사람들보다는 뛰어났지만, 테바이와 트로이아를 둘러싼 전쟁에서 멸망했다. 그러나 멸망 후에도, 그들은 세계의 끝에 있는 지극히 복된 자의 섬에서 행복하게 살아갔다.

마지막으로 제우스가 창조한 것은 '철의 종족'에 해당하는 현대인이었다. 이 시대는 가장 불행한 시대로 사람들은 노동과 고뇌와

'황금의 시대'에 대한 향수로 괴로운 나날을 보내야 했다. 인심은 황폐할 대로 황폐해지고 퇴폐는 정점에 달했다.

한편 프로메테우스 이야기도 잘 알려진 창조신화의 한 일화이다. 후대에는 프로메테우스가 물과 점토로 인간을 창조한 것으로 알려져 있으나, 헤시오도스는 프로메테우스가 인류의 창조신이 아니라, 어디까지나 은혜를 베푼 신이라고 했다.

프로메테우스에 대한 영감을 처음으로 시로 옮긴 헤시오도스의 《노동과 나날》에서, 프로메테우스는 동정심이 많은 티탄으로서 제우스의 금지사항을 어기고 인간에게 불을 주고 기술을 가르쳐준 인간의 보호자였다. 그래서 최고의 신은 이 지구에 모든 악의 근원인 그 유명한 판도라를 보내서 인간들을 벌하고, 프로메테우스를 코카서스 산의 정상에 포박하고 끊임없이 자라나는 그의 간을 독수리로 하여금 파먹도록 했다.

그 후 플라톤은 그의 《프로타고라스 혹은 소피스트들》에서 프로메테우스가 모든 종족의 시조라는 이설을 주장했다. 이러한 이설에 영향을 받아 소포클레스, 에우리피데스, 아리스토파네스 등의 시인들에 의하여 티탄의 전설이 유래한다.

프로메테우스는 제우스의 사촌동생이다. 제우스가 티탄 크로노스의 아들이듯이, 그는 다른 티탄인 이아페토스의 아들이다. 그의 어머니에 대해서는 여러 설이 있으나 오케아노스의 딸인 아시아, 또는 역시 오케아노스의 딸인 클리메네라고도 한다.

프로메테우스는 진흙을 빚어서 첫 인간들을 만들어 냈다는 설도 있고, 위에서 말했듯이, 단순히 인류의 은인이지 창조자는 아니라는 설도 있다. 그는 인간을 위해서 제우스를 속였다. 처음으로 성대한 희생제가 끝난 후, 프로메테우스가 제물로 쓰였던 황소고기를 두 몫으로 나누어, 한 쪽은 살코기와 내장을 소가죽으로 덮고, 다른 한 쪽은 살코기를 떼어낸 뼈를 하얀 기름 덩어리로 덮었다. 그리고는 제우스에게 두 쪽 중 자신의 몫을 선택하라고 제안했다. 다른 한 쪽은 인간에게 돌아가기로 되어 있었다. 제우스는 흰 지방 부분을 선택했고, 그 안에는 뼈밖에 없다는 것을 알게 되자 프로메테우스와 살코기를 제 몫으로 가지게 된 인간에게 증오심을 갖게 되었다. 그래서 그는 이를 벌하기 위해서 인간에게 불을 주는 것을 금지한다. 프로메테우스는 다시 한 번 제우스를 속이고 인간에게 불을 주기 위해서 태양의 바퀴에서 불씨를 훔쳐서 회양풀의 줄기에 숨겨 지상으로 가져 왔다. 또 다른 설에 의하면 불씨를 헤파이스토스의 대장간에서 훔쳐왔다고도 한다.

이에 더욱 화가 난 제우스는 인간과 그 은인을 벌하기로 결심하고, 인간에게는 일부러 만든 판도라를 보내고, 프로메테우스는 강철 사슬로 묶어서 코카서스에 잡아매 놓고 독수리를 보내어 계속 자라나는 그의 간을 파먹도록 했다. 그러나 헤라클레스가 이 지역을 지나다가 독수리를 활로 쏘아 죽이고 그를 구해 주었다. 제우스는 프로메테우스를 절대로 풀어주지 않겠다고 맹세했으나, 자신의 아들[14]의 무훈에 만족해서 이를 묵인하기로 했다. 그러나 그의 약속이 헛되지 않기 위해서 그를 묶었던 사슬과 바위조각으로 만든 반지를 끼고 다니도록 엄명했다. 그럼으로써 강철이 프로메테우스를 바위에 계속 묶어두는 셈이 된 것이다.

그즈음 켄타우로스들15 중에서 케이론이 헤라클레스의 화살에 맞아 치명상을 입고 끊임없는 고통에 시달려서 스스로 죽기를 원했다. 그는 불멸의 존재였기 때문에 자신의 불멸성을 받아 주는 존재를 찾고 있었다. 프로메테우스가 이를 받아들이기로 하여 불멸의 신으로 변신했다.

제우스는 그의 해방과 티탄 프로메테우스의 불멸성을 인정하기로 한다. 프로메테우스가 제우스에게 큰 도움을 주었기 때문이다. 제우스가 테티스로부터 아들을 얻는다면, 그 아들이 후에 그보다 더 강해져서 그의 왕위를 찬탈할 것이라는 신탁을 프로메테우

■

14 헤라클레스Heracles는 암피트리온Amphitryon과 알크메네Alcmene의 아들이지만, 그의 진짜 아버지는 제우스이다. 암피트리온이 텔레보아이족의 나라로 원정을 떠나자, 그 사이 제우스가 암피트리온으로 변신하고 알크메네에게 접근하여 그녀와 긴 밤을 보낸 후 헤라클레스가 태어났다고 한다.

15 켄타우로스Centaures. 그리스 신화에 의하면, 익시온Ixion이란 자가 제우스의 은혜를 배반하고 헤라 여신에게 연정을 품는다. 제우스는 이를 알고 헤라의 모습과 꼭 같은 구름을 만들어 두었다. 제우스가 베푼 만찬에까지 초대되어 은혜를 입었으나, 잔뜩 취한 익시온은 구름과 헤라를 구별하지 못하고 그 구름을 껴안고 정사를 했다. 화가 난 제우스는 헤르메스에게 명령하여 그를 불타는 바퀴에 매달아 영원히 돌아가도록 했다고 한다. 그런데 익시온과 헤라의 모형인 구름과의 결합으로 태어난 반은 사람 반은 말인 난폭한 괴물들이 켄타우로스들이다. 그들 중 폴로스Pholos와 케이론Chiron만이 지혜와 선량한 마음을 갖추고 있었는데, 헤라클레스가 착오에 의해서 케이론을 화살로 쏘아 치명상을 입혔던 것이다.

스가 알려줌으로써 제우스에게 큰 봉사를 했던 것이다.[16]

판도라의 탄생

헤시오도스의 신화에 의하면, 판도라는 최초의 여성으로서 제우스의 명령에 의해서 헤파이스토스와 아테나가 다른 여러 신들의 도움을 얻어서 만들어 냈다고 한다. 그들은 각자 판도라에게 한 가지씩 선물을 주었는데 아름다움, 우아함, 재치, 설득력 등을 선사했다. 그러나 헤르메스는 그녀의 심장에 거짓과 간교함을 넣어 주었다. 헤파이스토스는 그녀를 여신들의 모습과 비슷하게 만들어냈다. 헤시오도스의 《노동과 나날》에 의하면, 제우스는 그녀를 통해서 인간을 징벌하고자 했다. 제우스는 이를 위해 판도라를 에피메테우스에게 선물로 주었는데, 제우스로부터 어떤 선물도

---

16 제우스가 여신과의 결합으로 왕권을 위협받게 된다는 신탁은 두 종류가 있다. 그중 하나는 신들의 제2세대에 속하는 오케아노스와 테티스Thétis 사이에서 태어난 지혜의 여신 메티스Métis와의 관계이다. 메티스는 제우스의 첫 번째 애인 또는 아내였는데, 그녀가 제우스와의 결합에 의해 임신했을 때, 가이아와 우라노스가 제우스에게 경고를 했다. 메티스는 먼저 딸을 낳아준 다음 아들을 낳을 텐데, 그 아들이 장성하여 제우스의 왕위를 빼앗을 것이라 했다. 그래서 제우스는 메티스를 삼켜 버렸고, 나중에 그의 머리에서 완전 무장한 아테나 여신이 태어난다. 두 번째 이야기는 바다의 노인 네레우스Nereus와 도리스Doris 사이에 태어난 네레이데스Nereides 중 한 명으로 2세대의 테티스와 이름이 같은 바다의 여신 테티스와의 관계이다. 프로메테우스는 제우스가 그녀와 결합하여 낳은 아들이 하늘의 주인이 될 것이라는 신탁을 알려주었기 때문에, 제우스는 그녀와의 관계를 포기했다고 한다.

받지 말라는 형 프로메테우스의 충고에도 불구하고, 에피메테우스는 판도라의 아름다움에 반해서 그녀를 아내로 받아들이고 만다. 그녀에게는 작은 상자 하나가 들려 있었는데, 그녀는 지상에 오자마자 호기심에 못 이겨 그 상자를 열어보았다. 거기에 있던 모든 불행은 다 날아가 버리고, 바닥에 있던 희망만 유일하게 남게 되었다고 한다.

최고의 신이 남성보다 여성을 늦게 만들었다는 점에서 판도라 이야기는 《구약성서》에 등장하는 아담과 이브의 이야기와 일치한다. 그러나 두 이야기는 신이 여자를 창조한 의도에 결정적인 차이점이 있다. 야훼는 아담의 고독을 걱정하여 그를 돕는 배필을 만들기 위해서 그의 갈비뼈로 이브를 만들었다. 그러므로 〈창세기〉에서 여자의 창조는 인간에 대한 신의 사랑에 그 바탕을 두고 있다고 볼 수 있다. 이에 반해 《신통기》에서 '아름다운 재앙'이라 불리는 최초의 여성은 프로메테우스의 기만에 대한 신의 징벌로 내려진 것이었다.

이브가 뱀의 유혹에 넘어가 금단의 나무열매를 먹고 아담에게도 그것을 먹게 하였기 때문에 낙원에서 추방당한 것처럼, 그리스 신화에서도 인류의 불행은 여자의 어리석음에서 비롯된 것으로 묘사된다. 이 세상에 만연하는 여러 가지 재앙은 판도라가 가져온 항아리에서 나온 것들이다. 놀란 판도라가 당황하여 뚜껑을 덮었을 때, 그 안에는 미처 빠져나오지 못한 '희망'만이 남게 되었다. 따라서 《성서》에서의 금단의 '선악과'善惡果와 판도라의 '항아리'

는 동일하게 인류에게 재앙을 가져다준 원천이라고 볼 수 있다.

또한 제우스가 내린 청동의 종족에 대한 징벌은 노아의 방주와 흡사한 인류 창조전설이다. 프로메테우스의 아들 데우칼리온 시대에 인간의 오만함에 격분한 제우스는 대홍수로 인류를 멸망시킬 계획을 세웠다. 데우칼리온은 아버지의 충고에 따라 아내 피르라와 함께 궤짝에 탄 채 떠내려가 파르나소스 산에 도착했다. 9일 낮, 9일 밤 동안의 대홍수 뒤에 무사히 살아난 것은 두 사람뿐이었다. 데우칼리온과 피르라가 산상에서 감사의 제물을 바치고 인간이 번성케 해 달라고 기원하자, 제우스는 어미의 뼈를 어깨 너머로 던지라고 명했다. 그들은 처음에 그 뜻을 알지 못했으나, '어미의 뼈'는 곧 대지의 돌이라는 것을 알고 돌을 주워 던지자 데우칼리온이 던진 돌에서는 남자가 태어나고, 피르라가 던진 돌에서는 여자가 태어났다고 한다.

제우스의 여인들

그리스 신화의 최고신인 제우스는 3대에 걸친 왕위 찬탈전에서 승리를 거두고 티탄 신족과 티폰을 물리친 후, 신들의 지배자로서 여신 및 인간 여성들과 계속 관계를 맺어 많은 자식을 낳았다. 그 결과 많은 영웅들의 계보를 거슬러 올라가면 선조인 제우스에 도달하게 된다. 제우스의 다채로운 여성 편력에는 올림포스 신의 세력 확장이라는 대의명분이 있었으며, 인간은 궁극적으로 그들의 선조가 최고신 제우스라는 것으로 부족과 가문의 권위를 높일 수 있었다. 제우스가 처음 아내로 맞이한 것은 오케아노스의 딸 메티스였다. 그러나 메티스가 임신을 하자 제우스는 그녀를 삼켜 버렸다. 왜냐하면 이미 밝힌 바와 같이, 메티스와의 사이에서 난 첫 아이는 딸이고 그 다음으로 낳는 아들에게 하늘의 지배권을 빼앗길 것이라는 경고를 들었기 때문이다. 메티스가 품고 있었던 태아는 달이 차자 제우스의 머리에서 완전 무장한 성인의 모습으로 태어났는데 이것이 지혜와 전쟁의 여신 아테나였다.

제우스의 두 번째 아내는 티탄 신족의 여신 테미스(법률의 여신)였다. 테미스는 규율을 의미하는 도덕적인 법을 의인화한 존재로 그녀에게서 태어난 딸들, 즉 호라이(계절의 여신)라 총칭되는 세 명의 여신, 에이레네(평화), 에우노미아(질서), 디케(정의)는 세계의 질서를 지배하는 제우스의 기능을 상징하고 있다. 그 이외에도 제우스와 다른 여신 사이에서 세 명의 카리테스(우아한 여신들) 등이 태어났다.

제우스를 가장으로 한 올림포스의 12신에는 데메테르, 헤라, 포세이돈, 하데스 등 제우스의 형과 누이도 포함되어 있는데, 나머지 신들은 아테나 여신처럼 제우스의 자식들이다. 즉, 쌍둥이인 아르테미스와 아폴론은 레토와의 사이에서 태어났고, 헤르메스는 천공을 떠받치는 아틀라스의 딸 마이아의 사이에서 태어났으며, 정처인 헤라와의 사이에서는 군신軍神 아레스와 대장장이의 신 헤파이스토스가 태어났다.

또한 미와 애욕의 여신 아프로디테는 헤시오도스의 《신통기》에서는 크로노스가 자른 우라노스의 성기가 바다에 떨어져 정액의 거품에서 태어났다고 한다. 그러나 호메로스는 아프로디테가 제우스와 디오네 여신 사이에서 태어난 딸이라고 주장했다. 그리고 명계의 왕 하데스를 올림포스의 12신에 포함시키지 않는 경우에는 하데스 대신 디오니소스가 들어가는데, 그도 역시 제우스의 아들이다.

영웅 전설의 주인공들도 대부분 제우스와 인간인 여성 사이에서 태어난 자식들이다. 제우스는 인간인 여성에게 접근할 때 종종 자신의 모습을 바꾸었다. 예를 들면, 그는 백조의 모습으로 레다에게 접근하여 트로이아 전쟁의 원인이 된 절세의 미녀 헬레네를 낳았다. 제우스는 탑에 갇혀 있던 다나에에게 비가 되어 떨어져 페르세우스가 태어났다. 페니키아의 왕 아케노르의 딸인 에우로페를 유혹할 때 제우스는 소로 변신하였는데, 둘 사이에서는 크레타 왕조의 시조인 미노스가 태어났다.

아르테미스 여신의 시중을 드는 요정 칼리스토와 관계를 맺었을 때 제우스는 아르테미스의 모습으로 변신했고, 그녀와의 사이에서 태어난 아르카스는 아르카디아의 선조가 되었다. 헤라의 질투 때문에 혹은 아르테미스의 분노 때문에, 요정 칼리스토는 곰으로 변했다. 성장하여 사냥꾼이 된 아르카스는 그런 사실도 모른 채 칼리스토가 변신한 곰을 죽이려 했다. 그러나 그 순간 제우스는 두 사람을 하늘로 데려가 칼리스토를 큰곰자리에 앉히고, 아르카스는 목자자리의 가장 밝은 별인 아르크투루스로 변하게 했다고 한다.

또한 제우스는 여성을 유혹할 때 상대를 변신시키기도 했다. 이오Io와 관계를 가진 후 제우스는 분노한 헤라로부터 이오를 보호하기 위해 그녀를 암소로 변신시켰다. 이오는 아르고스Argos 출신의 처녀로서, 그녀의 아버지는 지역 수호신인 아르고스이며 오케아노스 신의 아들 이나코스Inachos의 후손이다. 그녀는 제우스의 아내 헤라의 여사제로서, 제우스의 유혹에 굴복한다. 그러나 헤라의 질투로부터 그녀를 보호하기 위해서, 제우스는 그녀를 하얀 암소로 변신시키고 이 동물을 사랑해 본 적이 없다고 시치미를 뗐다. 그래서 헤라는 제우스에게 요구하여 이 동물을 자기 소유로 만들고, 그녀의 친척이기도 한 백 개의 눈을 갖고 있는 아르고스에게 그 감시를 맡겼다. 그녀는 감시를 피해서 온 세상을 방랑하게 되었는데, 가는 곳마다 그녀를 감시하기 위해서 새로운 식물들이 생겨났다. 제우스가 이를 불쌍히 여겨서 헤르메스에게 그녀를 구하도록 부탁했다. 헤르메스는 아르고스의 50개의 눈이 자연적인 수면상태에 빠져 있는 동안 마법의 몽둥이로 단번에 다른 50개의 눈을 잠들게 하고 아르고스를 죽였다. 이오의 시련은 그것으로 끝나지 않는다. 헤라는 등에taon를 보내어 이오의 몸에 붙여 그녀가 가려워서 미친 듯이 날뛰게 했다. 그녀는 참을 수 없어서 해안을 따라 돌아다니기 시작했다. 그래서 그녀가 지나간 만을 이오니아만Golfe ionien이라 부르게 되었다. 또한 유럽과 아시아를 가르는 해협을 지나가게 되었는데, 이 해협은 보스포러스Bosphore(Passage de la Vache, 즉 암소의 통로) 해협이라는 명칭을 갖게 되었다. 그 다음에는 이집트에까지 갔는데, 그곳에서 제우스와의 사이에서 잉태된 아들을 낳았다. 이 아이로부터 수많은 종족이 태어났고, 다나이데스Danaïdes도 그중 한 종족이다. 이오는 헤라의 명령에 의해 유괴되었던 자신의 아들을 되찾아오는 마지막 시련을 겪은 후에야 본래의 모습을 되찾을 수 있었다. 그리고 그녀는 이집트에 정착하여 이시스라는 이름으로 숭배 받게 되었다고 한다. 그리스 사람들은 이오를 이시스의 전신인 것처럼 동일시하여 자신들의 신격을 높이고 있다.

연애 편력에는 아름다운 청년 아폴론Apollon도 제우스에게 뒤지지 않았다. 그는 신들 중에서 가장 아름다운 태양신으로, 매일 마차를 타고 하늘을 누볐다. 특히 그와 요정 다프네Daphné와의 사랑은 기억할 만한 이야기이다. 어느 날 아폴론에게 조롱당한 에로스는 아폴론에게는 상대를 본 순간 사랑에 빠지게 되는 화살을 쏘는 한편, 상대 여성에게는 자신을 사랑하는 남자를 미워하게 만드는 화살을 쏘았다. 다프네를 사랑하게 된 아폴론은 그녀를 뒤쫓았지만, 모든 남자를 거부했던 그녀는 필사적으로 달아났다. 거의 잡히게 됐을 때 다프네가 아버지인 하천의 신 라돈에게 도움을 청하자, 라돈은 딸을 월계수로 변신시켰다. 그 이후로 월계수는 아폴론의 성스런 나무가 되었다.

또한 트로이아의 왕녀 카산드라를 사랑한 아폴론은 자신에게 몸을 맡기면 예지력叡智力을 주겠다고 약속하면서 그녀를 유혹했다. 카산드라는 그의 제안을 받아들여 예지력을 얻었지만 아폴론의 요구는 거절했다. 화가 난 아폴론은 아무도 카산드라의 예언을 믿지 않게 만들어 그녀에게 복수했다고 한다.

오르페우스와 에우리디케

오르페우스의 신화는 그리스 신화에서 가장 복잡하고 가장 많은 메시지를 담고 있어 상징성이 가장 풍부한 신화이다. 가장 오랜 옛날부터 전해지는 이 신화는 하나의 종교 교리처럼 되었고, 그것은 풍요롭고 비의적秘義的인 문학의 소재가 되었다. 또한 오르페우스의 신화는 초기 기독교의 형성에 영향을 미쳤고, 이것은 기독교 성상학에서 확인된다.

오르페우스는 트라케의 왕 오아그르 또는 오다그르와 9명의 시신詩神 중 가장 지위가 높은 칼리오페의 아들이라고 전해진다. 그의 어머니에 관해서는 의견이 분분하다. 어쨌든 오르페우스는 트라케(흑해와 에게 해 사이에 있는 유럽지역) 출신이다. 신화학자들은 그가 이 지역 비스토니아 사람들과 트라케 사람들, 그리고 마케도니아 사람들의 왕으로 간주하고 있다. 그는 특히 칠현금과 키타라(고대 그리스의 현악기)를 연주하는 가수, 음악가, 시인이었으며, 이들 악기의 발명자로 통한다. 오르페우스가 노래하면 맹수들이 그를 뒤따르고, 나무와 식물이 그를 향해 고개를 숙이며, 가장 난폭한 인간들도 온순해질 만큼 감미로운 노래를 부를 수 있었다고 한다.

그는 아르고 선 일행의 황금양털 원정에 참가했다. 그러나 다른 영웅들보다 힘이 약한 그는 직접 노를 젓지 않고 노 젓는 박자를 맞추는 정조수整調手의 역할을 수행했다. 폭풍우가 일 때면, 그는 노래로 일행의 불안과 파도의 맹렬함을 진정시켰다. 그는 유일하게 사모트라케(에게 해 북쪽의 그리스 섬)의 신비의 비전전수를 받았으며, 신에게 빌어 동료들도 이 비전전수를 받게 했다. 그의 중요한 역할은 요정 세이레네스가 일행을 유혹하려 할 때, 이 요정들보다 더 감미로운 노래를 불러 일행의 정신을 붙들도록 하는 데 있었다. 간단히 말해서, 오르페우스는 마법적인 기도를 통해 위험을 피하도록 하는 아르고 선의 사제였다.

오르페우스에 관련된 가장 유명한 신화는 아내 에우리디케를 찾기 위해 지옥으로 하강한 일화이다. 이 신화는 알렉산드리아 시대[17]에 문학적 주제로 발전된 것으로 보이는데, 베르길리우스의 《농경시》 제4권에 그에 대한 가장 완전하고 풍부한 내용이 담겨져 있다. 에우리디케 자신도 요정이며, 또는 아폴론의 딸이라고도 알려져 있다. 그녀가 어느 날 트라케의 강가를 산책하고 있었는데 아리스타이오스[18]란 자가 그녀를 겁탈하려고 뒤쫓아 왔다. 그녀는 수풀 속을 급히 지나다가 뱀을 밟아 그 뱀에 물려 죽게 되었다. 절망에 빠진 오르페우스는 아내를 찾으러 지옥으로 하강한다. 그

17 알렉산드리아 시대는 기원전 300년경의 마케도니아-바빌로니아 시대를 말한다.

18 아리스타이오스Aristée는 아폴론과 요정의 아들로, 인간에게 양봉술을 가르쳐주었다고 한다. 또한 농경과 수렵을 가르쳤다고도 한다. 그는 자신도 모르게 또는 에우리디케에 대한 정욕 때문에 에우리디케의 죽음을 유발했는데, 그래서 요정들이 그의 꿀벌들을 모두 죽이는 복수를 한다.

는 칠현금을 연주하여 지옥의 괴물들뿐만 아니라 지옥의 신들까지도 감동시킨다. 그의 음악은 익시온[19]의 바퀴를 멈추게 하고, 시시포스[20]의 바위가 스스로 균형을 이루어 굴러 내리지 않게 하였으며, 탄탈로스[21]의 허기와 목마름을 잊어버리게 할 정도였다 한다. 다나이데스[22]까지도 그들의 구멍 난 물통에 물을 채워야

---

19 익시온Ixion. 라피테스Lapithes의 왕으로 헤라를 유혹하려 했다가 제우스의 벌을 받아 지옥에 떨어졌다. 그래서 그는 뱀들 한 가운데서 끊임없이 돌아가는 바퀴에 묶여있게 되었다(각주 15 참조).

20 시시포스Sisyphe. 제우스가 아소포스Asopos의 딸 에기나Egine를 유괴하여 코린트Corinthe를 지나갈 때, 그곳 출신인 시시포스가 그것을 보았다. 아소포스가 어린 딸을 찾아서 시시포스에게까지 와서 딸의 행방을 물었다. 시시포스는 도시의 성채에 샘이 솟도록 해주는 조건으로 유괴자의 이름을 가르쳐 주기로 했다. 아소포스는 이 제안을 받아들였고 시시포스는 제우스의 이름을 가르쳐 주었다. 이에 화가 난 제우스는 시시포스에게 벼락을 내려 지옥으로 보냈다. 그곳에서 시시포스는 영원히 거대한 바위를 산 정상에까지 굴려 올리도록 단죄되었다. 산 정상에 올려진 바위는 그 자체의 무게 때문에 끊임없이 다시 굴러 내렸고, 그는 다시 바위를 굴려 올려야 했다.

21 탄탈로스Tantale는 제우스와 플루토Ploutô의 아들이며, 프리기아Phrygie 또는 리디아Lydie의 부유한 왕으로 종종 신들의 식탁에 초대되었는데, 신들의 음식물을 훔쳐 인간에게 준 죄로 지옥에 떨어져 벌을 받게 되었다. 그는 목 부분까지 늪 속에 잠겨서 맛있게 익은 과일이 달린 나뭇가지에 손을 뻗어 과일을 따려고 하면 나뭇가지는 위로 올라가고, 물을 마시려고 하면 물이 입 아래로 내려가서 영원한 굶주림과 목마름에 처하게 되었다. 또 일설에는 신들의 지혜를 시험해 보려고 자기 아들 펠롭스Pélops를 죽여 신들의 식탁에 올렸기 때문에 벌을 받았다고도 하며, 머리 위에 거석巨石이 매달려 있어 영원한 공포의 벌을 받고 있다고도 한다.

22 다나이데스Danaïdes는 다나오스Danaos 또는 다나우스Danaus의 50명의 딸들이다. 이집트의 왕자 다나오스는 그의 형제인 에집토스Egyptos 또는

한다는 것을 잊어 버렸다.

지옥의 신 하데스와 그의 아내 페르세포네가 이와 같이 깊은 사랑을 보여 주는 남편에게 에우리디케를 넘겨주기로 합의한다. 그러나 다음과 같은 조건을 달았다. 오르페우스가 아내를 데리고 가되, 지옥을 벗어나기 이전에 그녀를 보기 위해 뒤를 돌아봐서는 안 된다는 것이다. 그는 이 조건을 받아들이고 길을 떠났다. 거의 이승의 세계에 가까이 도달했을 때, 갑자기 무서운 의혹이 일어났다. 페르세포네가 자신을 속인 것이 아닌가, 에우리디케가 과연 자기를 뒤따르고 있는가 하는 의혹이 결국 그로 하여금 뒤를 돌아보지 않을 수 없게 했다. 그 결과 에우리디케는 다시 한 번 기절하여 죽는다. 오르페우스는 그녀를 찾으러 되돌아가려고 했으나, 이번

■

에집투스Egyptus의 왕위를 찬탈하려다 실패하자 에집토스의 50명의 아들이 두려워서 딸들과 함께 이집트를 탈출한다. 일단 아르고스에 정착한 후, 그는 50명의 조카들이 그곳까지 찾아와서 구원舊怨을 풀고 그의 50명의 딸들과 결혼하겠다는 제안을 하자 이를 받아들인다. 다나오스는 결혼식을 위해서 화려한 연회를 열고, 자기 딸들에게 각각 단검을 선물로 주면서 밤 사이에 각자 남편을 죽일 것을 약속하게 했다. 장녀인 히페르메스트라Hypermestre를 제외하고 모두들 남편의 목을 잘라, 머리는 땅에 묻고 몸통은 아르고스 앞에서 장사를 지냈다. 그리고 제우스의 명령에 의해서 헤르메스Hermes와 아테나Athena에 의해 그녀들은 살인의 죄를 용서받는다. 얼마 후 다나오스는 그의 장녀와 큰 조카 룩케우스Lyncée와의 결혼을 인정하고, 다른 49명의 딸들을 그 지방의 젊은이들과 재혼시켰다. 그리하여 다나오이 종족Danaens이 형성되어 페라스기 종족Pélasges을 대치하게 되었다. 얼마 후 룩케우스는 다나이데스와 그들의 아버지 다나오스를 죽여 형제들을 대신하여 복수했다. 그래서 그녀들은 지옥에서 구멍 난 물동이에 영원히 물을 채우도록 단죄되었다.

에는 카론23이 그를 지옥에 들여놓기를 거부했다. 그는 위로받을 길 없이 혼자서 인간세계로 돌아온다.

오르페우스의 죽음 또한 수많은 전설을 낳았다. 가장 일반적인 전설은 트라케의 여인들에게 죽음을 당했다는 것이다. 그가 죽은 에우리디케에게만 관심을 쏟고 있었던 것이 다른 여인들에게는 하나의 모욕으로 받아들여져서 여인들의 증오심을 유발했다는 것이다. 또 다른 동기는 그가 여인들과는 상대도 하지 않고 젊은 남자들에게 둘러싸여 있었고, 심지어는 남색을 처음으로 만들어 냈다는 것이다.

또 다른 전설에서는 오르페우스가 지옥에서 돌아온 후, 저승에서의 경험을 바탕으로 신비주의 종교를 창설하고, 거기에는 여인들의 접근을 금지시켰다. 어느 날 밤 남자들이 그들의 무기를 문간에 두고 어떤 집의 방문을 잠그고 모여 있었는데, 그날 밤 여인네들이 그 무기를 탈취해 남자들이 그곳을 나설 때 오르페우스와 그를 따르는 자들을 모두 죽였다고 한다.

또 한 전설에서는 그가 아프로디테 여신의 저주를 받았다고 한다. 아도니스24를 두고 아프로디테와 페르세포네가 서로 다투고

23 카론Charon은 지하세계의 정령이다. 그는 죽은 자의 영혼이 아케론Achéron을 건널 때, 소액의 기부금(얼마간의 동전)을 받고 강 저쪽 연안까지 데려다 준다. 그래서 매장할 때 시체의 입에 동전을 넣는 관습이 생겨났다고 한다.

24 아도니스Adonis에 관한 이야기는 시리아의 전설에 속한다. 시리아의 왕 테이아스Théias에게는 미르라Myrrha 또는 스미르나Smyrna라는 딸이

있을 때, 제우스의 명령에 의해서 이 두 여신은 칼리오페의 중재를 따라야만 했다. 두 여신은 각기 1년의 반씩 아도니스와 함께 지내도록 결정되었다. 아프로디테는 이 결정에 극도로 화가 났지만 칼리오페에게 직접 복수를 할 수 없었기 때문에 트라케의 여인들을 부추겨 오르페우스를 사랑하게끔 불을 질렀다. 이것은 오르페우스가 칼리오페의 아들이기 때문에 대리복수를 하기 위함이었다. 오르페우스를 사랑하게 된 여인들은 누구도 양보할 마음이 없었기 때문에 오르페우스를 갈기갈기 찢어 가졌다고 한다.

이와는 완전히 다른 전설에서 오르페우스는 제우스의 벼락을

■

있었는데, 이 딸이 아프로디테 여신의 분노를 사서 그녀의 아버지와의 근친상간의 욕정을 품게 된다. 그녀의 유모 휴폴리테스Hyppolyté의 도움을 받아, 그녀는 아버지와 12일 밤을 지냈다. 그러나 12일째 되는 날 밤, 테이아스는 자기 딸의 간계를 눈치채고 그녀를 죽이기 위해 칼을 들고 뒤쫓았다. 미르라는 이 위험에서 신들의 보호를 받게 되었다. 그래서 신들은 그녀를 미르라Myrrhe(그 수지는 향료와 약제로 사용되는 식물)로 변신시켰다. 10개월 후, 이 식물의 껍질이 부어올라 터져서 한 아이가 나왔는데 그의 이름이 아도니스다. 이 아이의 아름다움에 감동한 아프로디테는 은밀하게 그 이이를 거두어 페르세포네에게 맡겨 기르도록 했다. 그런데 페르세포네 역시 그 아이에게 반하여 아프로디테에게 돌려주려고 하지 않았다. 제우스가, 또는 제우스의 명령에 의해 칼리오페가 중재를 하여, 아도니스는 1년의 1/3을 아프로디테와 보내고 1/3을 페르세포네와 보내며, 그리고 1/3은 자유재량에 맡겨졌다. 그러나 아도니스는 2/3를 아프로디테와 시간을 보냈다. 그 후 무슨 이유인지는 모르지만, 아르테미스Arthémis(영원히 젊은 처녀로 남아 있으며, 사냥만 즐기는 맹렬여신)의 분노를 사서 사냥 중 여신이 보낸 산돼지에 의해 치명적인 상처를 입고 죽었다. 우리는 이 신화에서 1년의 1/3은 땅 속에서, 2/3는 지상으로 올라와 봄과 사랑의 여신과 결합하여 아름다움을 완결 짓는 식물의 상징을 본다.

맞아 죽었다고도 한다. 그가 사람들에게 비전전수를 했다는 데 제우스가 분노했기 때문이다.

트라케의 여인들이 오르페우스를 토막 살해하여 강에 버렸는데, 그의 머리와 칠현금은 바다에까지 떠내려가서 레스보스에 이르게 되었다. 그곳 주민들은 시인의 장례를 치루고 무덤을 만들어 주었다. 그래서 레스보스 섬을 서정시의 고장으로 부르게 되었다한다.

오르페우스의 무덤은 소아시아 멜레스Mélès 강 하구에 있었다는 주장도 있다. 그가 살해된 후, 트라케에는 페스트가 창궐했다. 신탁을 받아보니 그것은 시인의 죽음에 대한 징벌이며, 거기서 벗어나기 위해서는 그의 머리를 찾아 장례를 치러야 한다고 대답했다. 오랜 추적 끝에 어부들이 그의 머리를 발견하고 보니, 멜레스 강 하구의 모래에 묻혀 아직도 피투성이가 된 채 생전에 그랬던 것처럼 노래를 하고 있었다 한다.

그리고 테살리아(그리스 대륙에 속하는 지방)에는 오르페우스의 무덤에 관한 이상한 전설이 있었다. 그의 무덤이 옛날에는 레이베트라라는 곳에 있었다고 하는데, 오르페우스의 유해가 태양을 보면 돼지들이 도시를 짓밟을 것이라는 디오니소스의 신탁이 있었다. 주민들은 돼지가 도시를 훼손한다는 것이 불가능하다고 생각하고 이 신탁을 비웃고 말았다. 그런데 어느 여름날 낮잠 잘 시간에 한 목동이 오르페우스의 무덤 위에서 잠이 들었다. 수면 중에 오르페우스의 영혼이 목동에게 스며들어, 아름다운 목소리로 오르페우스의 찬가를 부르기 시작했다. 들판에 있던 농부들이 이 노래를 듣자 하던 일을 멈추고 무덤이 있는 사당으로 떼거리로 몰려왔다. 너무 많은 사람들이 서로 떠미는 통에 건물의 기둥이 무너져 시인의 유해가 들어있는 석관을 덮치고 말았다. 석관이 파괴된 그날 밤 맹렬한 소나기가 퍼부어 시스Sys 강('sys'는 그리스어로 돼지를 의미한다)이 불어났다. 도시가 이 강가에 세워져 있었기 때문에 홍수가 그 도시의 대부분을 휩쓸고 지나갔다. 그리하여 이 신비한 신탁은 완전히 실현되고 말았다.

오르페우스가 죽은 후, 그의 칠현금은 하늘로 옮겨져 성좌가 되었고, 그의 영혼은 낙원으로 가서 길고 흰 옷을 입고 행복한 영혼들을 위해 그의 노래를 계속했다.

바로 이러한 신화를 중심으로 오르페우스적 신비주의 신학이 형성된 것이다. 지옥에의 하강으로부터 에우리디케에 대한 추적에 이르기까지, 그는 낙원에 이르는 방법과 죽은 후 영혼을 기다리고 있는 모든 장애물과 함정들을 피할 수 있는 방법에 대한 정보를 제공한 인물로 간주된다. 그리고 오르페우스가 전하는 성서외전聖書外典적 시편들은 문학 전체에 광범위하게 편재하며, 그 영향을 확인할 수 있다. 이러한 시편들은 석판에 새겨져 죽은 자들과 함께 묻은 민속적인 주문呪文에서 찬가讚歌, 신통계보학神統系譜學, 《아르고나우티카*Argonautiques*》(아르고 선원의 노래)와 같은 대 작품에 이르기까지 광범위하게 존재한다.

오르페우스는 때로는 디오니소스와 함께 엘레우시스의 밀교密教[25]의 창설자로 통한다. 또 어떤 전설은 그가 호메로스와 헤시오도스의 선조였다고 전하기도 한다.

오르페우스의 신화는 가장 높은 인간의 능력을 부여받았으나 가장 처절한 실패를 경험한 한 인간에 대한 신화이다. 베르길리우스의 《농경시》 제4권은 오르페우스와 에우리디케를 애도한 가장 아름다운 시편 중의 하나이다. 시인은 여기서 세 가지 신비적 능력, 즉 언어와 노래로 표현되는 마술적 힘, 사랑, 그리고 죽음을 노래하고 있다. 오르페우스는 이집트 밀교의 입문 수련을 받은 사람이며 '오르페우스 송가'들의 전설적 저자로서 인간을 개화시키는 시인, 종교의 창시자, 신의 비밀을 밝혀주는 승려라는 것이다.

오늘날 오르피슴orphisme이란 표현은 형이상학적 불안, 영혼의 속죄와 구원에 바탕을 두고 있는 철학적 표현이다. 오르페우스의 신화는 광범위한 차원을 포함하고 있다. 종교적 의미에 바탕을 둔 신비뿐만 아니라 고대인들이 알고 있었던 총체적 과학 전체를 포괄하고 있다. 천문학, 점성술, 예지, 마법, 연금술까지도 헤르메스 트리스메지스트26와 동등한 위치에서 오르페우스의 영역에 포함되었다. 오르페우스의 통찰력과 목소리와 시는 천지창조와 인간, 삶과 죽음, 그리고 영원한 시간을 총괄하는 우주의 신비, 자연의

■

25 아테네의 서북쪽에 위치한 엘레우시스Eleusis라는 도시는 그리스 문명의 가장 큰 신비적 종교의식이 행해지던 곳이다(이 책 5장의 '프랑 마손느리' 참조).

26 헤르메스 트리스메지스트Hermes Trismégiste는 헤르메스의 별명으로서 3배나 위대한 헤르메스란 뜻이다. 그는 신비주의에서 연금술의 아버지로 간주되고 있다.

변화와 하늘의 운행을 파악하고 암시하며 설명해 준다는 것이다.

오르피슴은 기원전 6세기경부터 하나의 개혁적 경향으로 출발하여 에우리피데스와 아리스토파네스와 같은 지식인들에 의해서, 피타고라스와 플라톤 철학, 특히 신피타고라스주의와 신플라톤주의에 의해서 널리 유포된 하나의 종교적 유파로 남게 된다. 이 종파는 농경과 지하 세계와 관련된 디오니소스와 데메테르의 숭배와 함께 통합 교리로서 엘레우시스 밀교 속에 포함된다.

아르고 선 일행의 황금 양털 원정

황금 양털에 관한 전설은 알렉산드리아 시대 그리스의 시인 로데스의 아폴로니오스Apollonios de Rhodes(기원전 295—215)에 의한 서사시 《아르고나우티카 또는 황금 양털 정복*Argonautiques ou la Conquête de Toison d'or*》이란 작품에서 유래하는 것이다. 황금 양털을 찾아 떠나는 이아손Jason을 중심으로 한 영웅들을 '아르고 선의 일행'이라 일컫는다. 이 아르고 선의 일행, 즉 아르고나우타이Argonautes는 빠르다는 뜻을 가진 아르고라는 선박 이름에서 유래한 것이라 한다. 그리고 이 선박을 건조한 인물 아르고스(후에 지역 이름이 됨)의 이름을 상기하기도 한다.

테살리아의 옛 도시국가인 이올코스Iolcos의 왕이었던 아이손Aeson은 그의 의붓형제 펠리아스에게 권력을 찬탈당하고 추방되었다. 아이손의 아들 이아손은 켄타우로스들 중 케이론에 의해 양육되어서 성인이 되자 숙부 펠리아스에게 왕권을 돌려 달라고 요구했다. 그러나 펠리아스는 왕권을 되돌려 주기 위해서 황금 양털을 가져와야 한다는 조건을 내걸었다.

황금 양털을 가져오기 위해서, 이아손이 콜키스[27]를 향한 원정대를 조직한다는 소식을 듣고 전 그리스에서 영웅들이 모여든다. 그러나 아르고 선 일행의 명단은 후대에 저마다 다르게 전해지고 있다. 전설마다 상당한 차이를 보이고 있는 이 명단들은 전설이 형성된 시기를 반영하는 것으로 보인다. 이 일행의 수는 50명 또는 55명이고, 선박은 50명의 노를 젓는 사람을 위해 건조되었다. 그 중에는 이아손과 아르고스를 위시하여 오르페우스, 헤라클레스, 제우스와 레다의 아들인 카스토르와 폴리데우케스 등의 영웅들이 포함되어 있다.

아르고 선은 테살리아의 항구를 출발하여 여인들만 사는 렘노스 섬과 오르페우스의 권고에 따라 밀교의 비전전수를 받은 사모트라케를 지나고, 그리고 키지코스 섬에 도착하여 이곳의 왕 키지코스의 지극한 환대를 받았다. 그 다음날 밤 이 섬을 출발하였으나, 밤 사이 역풍이 불어 일행은 자신들도 모르는 사이에 섬으로 되돌아오고 말았다. 어둠 속에서 서로를 분간하지 못하고, 그곳 섬 주민들이 아르고 선의 일행을 섬에 종종 나타나서 약탈을 일삼는 해적들로 오인하는 바람에 그들 사이에 격렬한 싸움이 벌어졌다. 키지

27 콜키스Colchide는 그리스어로 'Kholkis'라는 옛 지역. 흑해의 동쪽, 코카서스 산맥의 남쪽에 위치한 현재의 그루지아 지역이다. 이 지역에 있는 금광이 '황금 양털'의 전설을 만들어 낸 원인인 것으로 보인다.

코스 왕은 백성들을 돕기 위해 달려 나오자마자 이아손의 창에 찔려 죽고 만다. 날이 밝자 그들은 서로를 알아보고 비탄에 빠졌다. 이아손은 키지코스 왕을 위해 성대한 장례식을 올리고 사흘 동안이나 슬피 울었다. 그리고 운명에 의해 헤라클레스가 일행과 헤어진 소아시아의 서북부 미시아, 보스포로스, 트라케 해안, 그리고 서로 부딪치며 떠도는 푸른 바위암초를 무사히 통과하고, 흑해를 거쳐 목적지인 콜키스에 도착한다. 이들은 가는 곳마다 기이한 모험을 겪으면서 몇 명의 동료들을 잃고 목적지에 도착한 것이다.

일행은 하선하여, 이아손이 그곳의 왕 아이에테스에게 펠리아스 왕이 그에게 위임한 임무를 설명했다. 왕은 황금 양털을 건네주기를 거부하지 않았지만, 청동 말굽을 달고 콧구멍으로 불을 내뿜는 두 마리의 황소에 굴레를 씌워 주는 조건을 내걸었다. 헤파이스토스가 아이에테스에게 선물로 준 이 황소들은 굴레를 받아들이지 않았다. 아이에테스의 딸 메데이아의 도움으로 첫 번째 시험을 통과한 후, 그 다음에 이아손은 들판을 갈아엎고 거기에 용의 이빨을 뿌려야 했다. 그것은 아테나 여신이 아이에테스에게 준 '용의 이빨'28이었다.

---

28 카드모스Cadmus가 아테나 여신에게 제사를 지내기 위해 부하들에게 전쟁의 신 아레스Arès의 샘에 가서 물을 길어 오도록 했는데, 그 샘가에 있던 용이 그의 부하들을 거의 다 죽였다. 카드모스는 부하들을 구하러 가서 그 용을 죽였다. 이때 아테나 여신이 나타나서 용의 이빨을 뿌리라고 명령하여 그대로 행하자 땅에서 무장한 용사들이 솟아나왔다. 이 뿌려

이아손은 어쩔 바를 모르고 있었는데, 그에게 한눈에 반한 메데이아가 자기를 아내로 맞아들이는 조건으로 이아손을 도와 임무를 무사히 완수하게 해 준다. 이아손은 메데이아가 준 마법의 방향제를 몸과 창에 발라 황소가 내뿜는 불에 상처를 입지 않고 황소를 무장해제시킨다. 또한 메데이아는 용의 이빨을 밭에 뿌리면, 이빨 하나하나가 무장한 용사로 태어나 이아손을 죽이려 할 것이라는 사실도 알려 주었다. 그때 밭에서 멀리 떨어져 서 있다가 이빨에서 태어난 그 용사들 틈에 돌을 던지면, 그들은 자신에게 돌을 던졌다고 서로를 비난하면서 그들끼리 싸우다가 모두 죽고 말 것이라고 했다. 이아손은 메데이아의 도움으로 어려운 난관을 무사히 끝마쳤다.

그러나 아이에테스는 약속을 지키지 않고 아르고 선을 불태우고 일행을 죽이려고 했다. 그가 일을 저지르기도 전에, 이번에도 메데이아의 도움으로 이아손은 황금 양털을 지키고 있는 용을 잠들게 하고 황금 양털을 탈취하여 무사히 빠져나온다. 메데이아의 기지로 아이에테스의 추적을 피하여 다뉴브 강으로 항해를 계속했다. 그리고 이집트와 리비아를 거쳐서 테살리아로 돌아오는 대

■

진 씨에서 나온 무장용사들을 스파르토이les Spartes라 부르는데, 카드모스가 그들 가운데 돌을 던지자, 스파르토이는 돌을 던진 책임을 서로에게 전가하면서 싸우다가 모두 죽고 다섯 명만 남게 되었다. 아레스의 용을 죽인 죄로 8년간의 속죄를 마친 후, 카드모스는 살아남은 스파르토이와 함께 테바이Thèbes를 건설하고 왕이 되었다. 이아손의 전설에 등장하는 '용의 이빨'은 카드모스가 사용한 그 일부를 아테나 여신이 소유하고 있던 것이라 한다.

장정을 끝낸다. 카루브디스와 스킬라 해협에서 요정 세이레네스의 유혹을 오르페우스가 막았고, 크레타 섬에서 청동의 발을 가진 탈루스라는 거인을 만났지만 메데이아의 요술로 위기를 넘긴다.

아르고 선의 일행은 몇 명의 낙오자와 희생자를 제외하고는 거의 대부분이 고향으로 돌아온다. 이아손은 아르고 선을 바다의 신 포세이돈에게 바쳤는데, 이 배는 즉시 하늘로 옮겨져서 하나의 성좌가 되었다 한다.

아르고 선의 일행이 목적지로 하는 콜키스는 오늘날 그루지아 지역으로서 그곳에는 매우 풍부한 금광이 있었던 것으로 전해진다. 이 원정의 이유는 두 가지로 설명될 수 있다. 첫째, 이 작품에서 이야기하고 있는 것처럼, 이아손의 숙부인 펠리아스가 권력을 찬탈했기 때문에, 이아손이 권력 회복을 요구하자 그를 죽음으로 내몰기 위한 하나의 계략으로 원정을 조건으로 내건 것이다. 둘째, 그 당시 금은 권력과 부를 상징하는 것이기 때문에 순수한 상행위商行爲를 위해서 모험을 감행한 것일 수 있다. 그리고 이 전설은 호메로스의 《오디세이아》가 구성되기 이전부터 구전되었던 것으로 전해진다. 세월이 흐르면서 여러 요소들이 덧붙여지면서 그리스의 설화 중에서 가장 아름답고 복잡한 이야기가 된 것으로 보인다. 그래서 이 황금 양털 정복에 관한 전설은 그 이후의 문학작품들에 자주 거론될 만큼 큰 영향을 미쳤다.

3. 로마 신화

로마의 신들은 거의 그리스 신들의 복제품으로 생각된다. 예를 들면, 로마 사람들은 제우스를 유피테르로, 헤라 여신을 유노로 부르는 등, 이름만 달리 부를 뿐 그 역할에 있어서는 거의 동일한 권능을 부여하고 있다. 그리스의 올림포스 주신들과 로마의 신들의 명단을 비교 소개하면 다음 표와 같다.

이 표에서 헤스티아로부터 제우스까지는 크로노스의 자식들이며 제우스가 그중 막내이다. 아프로디테로부터 디오니소스까지는 대부분이 제우스의 자식들이다. 그 외에도 에로스는 큐피드로 불리지만 역시 역할은 꼭 같다. 이 표를 통해서 우리는 그리스의 신들과 로마의 신들이 그 이름을 제외하면 새로운 것이 거의 없다는 것을 알 수 있을 것이다. 그러나 로마의 신화는 그리스에서 전해진 경이로운 신들의 이야기를 제외하고는 대부분이 문학작품화

그리스의 신	로마의 신	권능과 역할	상 징
헤스티아 Hestia	베스타 Vesta	불과 화로	불꽃
데메테르 Déméter	케레스 Cérès	대지, 수확, 수태	낫
헤라 Héra	유노 Juno	결혼	공작孔雀, 석류
하데스 Hadès	플루톤 Pluton	지옥, 대지의 비옥	풍요의 뿔
포세이돈 Poséidon	넵투누스 Neptune	바다, 지진, 풍요	삼지창과 말馬
제우스 Zeus	유피테르 Jupiter	천공, 정의, 풍요	왕홀, 독수리, 벼락
아프로디테 Aphrodite	베누스 Vénus	사랑과 미	비둘기
아폴론 Apollon	아폴론 Apollon	신탁, 법, 예술	활과 칠현금
아르테미스 Artémis	디아나 Diana	야성의 자연, 정절, 사냥	활과 암사슴
헤파이토스 Héphaïtos	불카누스 Vulcanus	기술, 대장간, 화산	모루와 망치
아테나 Athéna	미네르바 Minerva	가정, 지혜, 전쟁	올빼미와 올리브나무
아레스 Arès	마르스 Mars	전쟁	투구와 무기
헤르메스 Hermès	메르쿠리우스 Mercurius	상업, 통신, 웅변, 신들의 전령	날개와 지팡이
디오니소스 Dionysos	바쿠스 Bacchus	포도나무, 포도주, 광기	포도나무로 장식된 창

* 이 표는 Franck Evrard, *Mythes et mythologie de la Grèce*(p.12)에 소개된 내용을 약간 손질하여 제시한 것임.

한 신화적 이야기, 즉 베르길리우스의 《아이네이스》의 로마 건국 신화와 같은 좀 더 현실적인 설화로 전해진다.

아이네아스와 로마의 건국신화

호메로스의 《일리아스》와 《오디세이아》에 등장하는 두 영웅, 아킬레우스와 오디세우스는 베르길리우스의 《아이네이스》의 영웅 아이네아스와 유사한 인물이다. 아이네아스와 그리스의 영웅 아킬레우스는 여신과 인간 사이에서 태어났고,[29] 신성한 말 여러 필을 소유하고 있었으며 빨리 달리기에 능했고, 그리고 트로이아 전쟁 시 유일하게 맞상대였다는 점에서 비교되는 인물이다. 트로이아 패망 이후, 승리자로서의 오디세우스와 패배자로서의 아이네아스는 둘 다 끝없는 유랑의 길을 걸어야했다는 점에서 또한 비교될 만한 인물이다.

트로이아 전쟁의 전말은 모두 신들의 개입에 의한 것이었다. 여신 아프로디테와 헤라의 미美를 위한 경쟁과 질투, 여신들의 장난에 의해 희생된 미녀 헬레네의 남편에 대한 배반, 트로이아 왕자 파리스로부터 헬레네를 되찾기 위한 그리스 연합군의 트로이아 공략, 그리고 목마木馬에 의한 트로이아 점령 등으로 이어지는 전쟁 이야기이다.

호메로스는 이 설화 속에 신화와 실재한 역사를 뒤섞어 위대한 문학적·신화적·철학적 작품을 우리 인류에게 남겨준 것이다.

1870년 이후 독일의 고고학자 하인리히 슐리만Heinrich Schlie-

29 아킬레우스는 테살리아의 프티아 시를 다스리던 펠레우스와 대양大洋신 오케아노스의 딸 테티스의 아들이며, 아이네아스는 미의 여신 아프로디테와 안키세스의 아들이다.

mann이 지금의 다르다넬Dardanelles 해협 입구에 위치한 터키의 도시 히살리크Hissarlik에서 기원전 3000년경부터 존재했던 도시를 발굴했다. 그 이후 여러 고고학자들에 의해 건설과 파괴가 되풀이된 여러 층의 도시들이 이곳에서 발견되었다. 파괴되어 매몰되어 있는 그 도시들이 지진에 의한 것인지, 또는 전쟁에 의한 것인지는 잘 알 수 없으나 그곳에서 일어난 어떤 사건을 갖고 호메로스는 트로이아 전쟁이라는 거대한 세기의 전쟁으로 빚어낸 것이리라.

로마의 건국신화는 베르길리우스(기원전 70-19)의 《아이네이스》에 의해서 구체적으로 전해진다. 이 서사시는 시인의 생애 마지막 10년 사이에 쓰인 것이다. 그때까지도 《아이네이스》의 시행들은 여기저기 공백으로 남아 있고 이야기의 구성과 구조가 불일치하는 등, 미완성으로 남아 있었기 때문에, 시인은 이 작품을 불태워 버리려 했다고 한다. 그러나 로마의 황제 아우구스티누스는 이 서사시에 일체의 수정을 가하지 말고 발표하도록 명령했다.

이 작품은 2부로 나누어져 있는데, 1부는 제1권에서 6권까지로 《오디세이아》의 영향을 받은 것으로 보이는 아이네아스의 방랑과 이탈리아에 도착할 때까지의 이야기이다. 그리고 2부는 제7권에서 12권까지로 《일리아스》를 모방한 작품으로 라티움 정복을 위한 전쟁과 라비니움 왕국의 건설까지의 이야기로 구성되어 있다.

《아이네이스》의 주인공 아이네아스는 6년간이나 유랑한 끝에 이탈리아 해안에 도착한다. 그러나 유노 여신은 트로이아인들이 자기를 최고 미의 여신으로 뽑아주지 않았다고 해서 트로이아인들에 대한 미움이 풀리지 않고 있었다.[30] 아이네아스가 이탈리아로 항로를 정하고 시칠리아를 출발한 직후, 유노는 바람의 신을 매수하여 폭풍우를 일으키고 이탈리아 해안으로부터 그들을 몰아낸다. 많은 배가 난파되고 아이네아스는 결국 북아프리카의 카르타고 해안에 도착했다. 그때 카르타고는 페니키아 사람인 아름다운 여왕 디도가 지배하고 있었다. 그녀는 남동생의 배반으로 남편을 잃고 페니키아를 탈출하여 이곳으로 와서 카르타고를 건설했던 것이다.

지칠 대로 지친 아이네아스 일행은 어머니 베누스의 도움으로 주민들로부터 환영을 받는다. 그리고 여왕은 그들을 따뜻하게 맞아들이고 궁전에서 연회를 베풀었다. 아이네아스는 그 자리에서 트로이 함락과 오랜 방랑의 체험을 들려주었다.

■

30 신들이 테티스Thetis와 펠레우스Pélée의 결혼식에 모여 있을 때, 불화의 여신 에리스Eris가 신들에게 황금사과를 던지며 이 사과는 헤라와 아테나, 아프로디테 중 가장 아름다운 여신의 것이라고 말했다. 그러자 언쟁이 일어났지만 아무도 개입하려하지 않았다. 그래서 제우스는 헤르메스에게 세 여신들을 이다Ida 산으로 데려가 파리스Pâris의 심판을 받게 했다. 파리스는 겁이 나서 달아나려 했으나, 헤르메스는 그를 붙들어 설득하여 제우스의 이름으로 심판 역할을 맡게 했다. 여신들은 각기 자신들에게 유리한 판정을 받기 위해 뇌물제공을 약속했다. 헤라는 아시아 제국 전체를, 아테나는 모든 전투에서 지혜와 승리를, 아프로디테는 스파르타의 헬레네의 사랑을 약속했다. 이에 파리스는 아프로디테가 가장 아름답다고 판정했다. 이것이 그 유명한 트로이아 전쟁의 원인이며, 헤라 여신의 파리스와 트로이아에 대한 증오의 원인이다.

이야기는 트로이아의 용장 헥토르를 물리친 최강의 아킬레우스도 죽은 뒤인 트로이아 전쟁 10년째부터 시작된다. 그리스 군은 많은 병사를 숨겨둔 거대한 목마를 남기고 퇴각을 가장하여 해안을 떠났다. 트로이아 사제인 라오콘은 수상한 목마를 경계하라고 주장했지만, 바다에서 나타난 거대한 뱀에 의해 라오콘 부자는 목이 졸려 죽임을 당한다. 그 광경을 본 트로이아 사람들은 목마가 미네르바 여신에게 바치는 제물이라고 말하는 그리스인 포로 시논의 거짓말에 속아 넘어가고 말았다. 그들은 성벽을 허물어가면서까지 그것을 성안으로 들여 놓았다. 밤이 되자 트로이아 사람들이 모두 잠든 사이에 목마에서 일제히 그리스 병사가 나왔다. 그들은 숨어서 대기하고 있던 그리스의 병사들을 불러들여 도시에 불을 지르고 트로이아를 완전히 장악했다.

적의 급습에 눈을 뜬 아이네아스는 죽을힘을 다해 싸웠으나, 혼자만 남게 되어 트로이아의 왕 프리아모스의 궁전으로 달려갔다. 그는 그곳에서 왕의 죽음을 보고 자신의 아버지와 아내, 아들의 생사가 염려되었다. 그때 그의 어머니 베누스 여신이 나타나 도시의 파괴를 돕는 신들의 모습을 아들에게 보여 주면서 트로이아를 버리고 도망하라고 조언했다. 이에 놀란 아이네아스는 아버지 안키세스에게 급히 돌아가 곧 도시가 함락될 것이라고 말했다. 처음에는 움직이려하지 않던 아버지도 손자의 두 발이 화염에 휩싸이는 신의 징후를 보고 트로이아를 떠나기로 결심했다.

아이네아스는 일족을 이끌고 불타는 트로이아를 탈출했다. 트라케를 지나 델로스에 도착하여 아폴론의 신탁을 받은 결과 선조의 땅으로 가라고 했다. 안키세스는 그곳이 크레타 섬이라고 생각했다. 그곳에 도착한 그들은 페르가몬이라는 도시를 건설했으나 페스트 때문에 쫓겨나고 말았다.

그리고 수호신들이 선조 다르다노스[31]의 고향 이탈리아로 가라고 예언했다. 함대는 지중해의 여러 지역을 거치면서 드디어 시칠리아 섬에 도착했다. 첫 번째 거인 키클로프와 만난 후 그 섬의 해안에 상륙했는데, 이탈리아를 눈앞에 두고 영웅은 아버지 안키세스와 사별하게 된다. 2편과 3편에 걸친 《아이네이스》의 이야기는 여기서 끝난다.

한편 여왕 디도도 남편을 잃고 고향인 페니키아를 떠나 아프리카에서 새로운 도시를 세우기까지 힘든 경험을 한 터였다. 그녀는 아이네아스를 동정하면서 용감한 영웅에게 깊은 애정을 느끼게 된다.

유노 여신은 아이네아스가 사랑에 빠져서 자신의 의무를 잊고 카르타고에 눌러 있기를 바랐다. 어느 날 두 사람은 사냥을 나왔다가 천둥과 폭풍우가 몰아칠 때, 동굴 속으로 피신했다가 그곳에서 연인이 되었다. 그 후 아이네아스는 여행의 목적을 완전히 잊어버

■

31 다르다노스Dardanus는 이탈리아 중부 에트루리아의 코르토나 시 출신으로, 원주민을 정복하고 도시를 건설한 후 프리기아로 이주하여 트로이아를 이탈리아와 연결하는 거점으로 삼았다고 한다. 트로이아가 함락되자 이탈리아로 되돌아간 이유도 그곳이 자기 조상의 땅이었기 때문이다.

리고 디도와 함께 카르타고의 궁전에서 살게 되었다. 그 소문은 이내 천상의 최고신인 유피테르의 귀에 들어갔다. 유피테르는 아이네아스가 이탈리아에 도착하여 로마의 기초를 세우는 것을 운명으로 정해 놓고 있었으므로, 곧 사자를 보내 아이네아스가 곧바로 출발하도록 명령했다. 최고신의 명령에 놀란 아이네아스는 몰래 배를 띄울 준비를 했다.

그러나 이 기미를 알아차린 디도는 그의 불성실함을 비난하며 어떻게든 떠나는 것을 막으려 했지만, 아이네아스는 결심을 번복하지 않았다. 디도는 절망한 끝에 제정신을 잃고 결국엔 자살을 결심했다. 날이 밝기 전에 트로이아 인들의 함대가 출항하는 것을 궁전의 탑 위에서 바라보던 여왕은 아이네아스를 향해 저주를 퍼붓고 화장을 위해 쌓아놓은 장작더미 위로 올라가 아이네아스가 남긴 검으로 자신의 가슴을 찔러 자살했다.

미의 여신 베누스와 트로이아의 목동 안키세스 사이에서 태어난 아이네아스는 호메로스의 《일리아스》에서는 두 번의 결투에서 신들에게 구출되는 특별한 운명을 가진 영웅으로 그려진다. 그것은 이미 호메로스 이전부터 그가 트로이아 함락 후 살아남을 인물이었기 때문이다. 호메로스 이후 아이네아스는 지중해를 방랑하는 영웅이 되었고, 결국에는 로마인의 선조로 여겨지게 되었다. 늙은 아버지를 등에 업은 모습으로 상징되듯, 이 영웅이 로마인이 존경하는 충효와 경건한 정신을 실천했기 때문이다. 그러나 신들에게 선택된 이 영웅도 로마를 향해 흔들림 없이 나아갔던 것은 아니다. 베르길리우스는 디도와의 사랑을 아이네아스의 커다란 정신적 시련으로 그리고 있다.

아리안 에슨은 베르길리우스의 《아이네이스》에 대한 의의를 다음과 같이 밝히고 있다.

> 자크 페레는 《아이네이스》에서 여러 상징 코드를 읽어낼 것을 강조하고 있다. 예를 들어 아이네아스의 삶을 규정하는 세 여인(크레우사,[32] 디도, 라비니아[33])은 로마가 지배한 세 장소와 일치한다. 게다가 아이네아스의 주요한 성격을 보여주는 '피에타스'Pietas(신앙심, 경애심)는 아우구스투스를 찬양하기 위해 헌정된 것이었다. 그도 그럴 것이 아우구스투스는 전통적인 종교 의식을 로마에 복원시키고자 했던 것이다.
>
> 결국 베르길리우스는 로마의 기원이 트로이아라는 사실을 설파하면서, 율리우스 카이사르의 조카손자인 아우구스투스의 고귀한 혈통을 강조하고 있다. 단, 아스카니오스[34]는 율리우스라고도 불렸으며, 따라서 율리우스 가문은 아이네아스를 조상으로 두었고, 로마의 수호신 역시 베누스라는 것이다.[35]

32 크레우사Creusa는 트로이아 멸망 시에 실종된 아이네아스의 아내이다. 아이네아스가 아버지 안키세스와 아들 아스카니오스와 트로이아를 탈출했다가 그녀를 찾아 다시 트로이아로 돌아가자, 그녀의 망령이 나타나서 새로운 나라를 세우기 위해서 떠나야 한다고 일러주었다.

33 라비니아Lavinia는 라티누스 왕의 딸로서 아이네아스의 두 번째 아내가 되었다. 아이네아스는 그녀를 명예롭게 하기 위해 자신이 세운 도시를 라비니움이라 칭했다.

34 아스카니오스Ascanius는 아이네아스와 크레우사의 아들이다. 따라서 모계로는 트로이아의 왕 프리아모스의 손자이고, 부계로는 베누스의 손자인 셈이다.

《아이네이스》는 중세기와 르네상스 시대의 프랑스 문학에 큰 영향을 미쳤다. 그러나 이 서사시 전체가 주제를 이루고 있는 작품은 없고, 디도와 같은 한 인물을 중심으로 작품화한 것이 대부분이다.

특히 11세기에 나타난 샤를마뉴와 관련된 무훈 이야기를 중심으로 한 무훈시武勳詩가 유행한 이후, 그리고 12세기 말 명예와 사랑을 주제로 하는 기사도 소설이 출현하기 이전 고대 서사시를 모방한 작품들이 나오는데, 이것은 일종의 모방의 단계에 속하는 운문소설로 볼 수 있을 것이다. 12세기 중엽의 성직자들은 고대 그리스, 로마의 역사·문학작품들을 주석과 함께 로망어로 번역하기도 하고, 또는 그것을 모방·개작한 소설을 내기 시작했다. 이들 작품들은 사랑과 신화적 전설을 노래한 환상적인 것들이 주류를 이루고 있는데, 이 계열에 속하는 작품들 중 로마와 관련된 작품들의 일부만 소개하면 다음과 같다.

1160년경에 쓰인 것으로 베르길리우스의 《아이네이스》를 개작한 《아이네아스의 이야기》는 아이네아스의 디도와 사랑 이야기와 후에 아이네아스의 아내가 된 라비니아와의 사랑 이야기가 핵심이야기다. 또한 《트로이아 이야기》는 1165년경 성직자인 브누아 드 생트 모르에 의한 트로이아에 관한 이야기이다.

위의 작품들과는 시대적으로 거리가 좀 먼, 그러나 매우 재미있는 작품이 있다. 17세기 초 폴 스카롱(1610–1660)은 그의 《개작된

35 아리안 에슨, 《신화와 예술》, 류재화 옮김, 청년사, p. 623. 이 인용문에서 인물명은 이 책에서 표기하는 기준에 맞추어 변형된 것임.

베르길리우스》에서 로마 시인의 영웅적 인물들을 조롱하고, 특히 아이네아스와 칼타고의 여왕 디도와의 사랑을 웃음거리로 만들고 있다. 이 작품은 그 당시 살롱을 중심으로 문학에 있어서 과도한 세련미를 추구하는 프레시오지테préciosité 풍조에 반발하여 일부러 속되고 익살스럽고 괴상한 취미를 표방한 뷔를레스크burlesque 풍조의 문학과 관련된 작품이다. 아리안 에슨은 이 작품에 그려진 아이네아스가 "〔…〕수다쟁이에 좀 멍하고 산만하며, 우유부단하고 걸핏하면 운다. 더욱이 시대 배경을 바꾸고 시사풍자를 함으로써 동시대 독자들에게 더 가깝게 다가가는 점은 놀라울 정도다"라고 인물평과 독자의 반응에 대한 핵심적인 이야기를 하고 있다.

전쟁의 신 마르스의 아들 로물루스와 로마의 건국

로물루스의 로마 창건기원설은 이미 베르길리우스가 예언을 통해서 충분히 강조했던 이야기이다. 베르길리우스의 예언을 바탕으로 해서 새로운 신화가 탄생한 셈이다. 이 전설에 의하면, 아이네아스가 건설한 라비니움은 알바 롱가[36]를 중심으로 약 300년 동안 평화를 유지했다. 그러나 아이네아스와 군신 마르스의 혈통을 이은 영웅 로물루스가 출현하여 역사는 새로운 시대를 맡게 되었다.

알바 롱가의 왕위를 누미토르가 계승하자, 그의 동생 아물리우스는 형의 왕위를 빼앗고 형을 국외로 추방해 버렸다. 그리고 형의 아들들을 모두 죽이고 딸 레아 실비아를 베스타 신전의 무녀로

■

36 알바 롱가Alba longa. 로마의 남동쪽에 있는 이탈리아(라티움)의 옛 도시.

만들어 평생 아이를 낳지 못하는 처녀로서 여신에게 봉사하며 살게 했다.

어느 날 실비아는 신전에 바칠 물을 떠오기 위해 마르스의 숲에 갔다. 그곳에서 늑대를 만난 그녀는 동굴로 숨어들었다가 마침 그곳에 있던 군신 마르스를 만나게 되었다. 마르스는 실비아의 아름다움에 반하여 사랑을 하게 되었다. 군신 마르스의 아이를 임신한 실비아는 쌍둥이 사내아이를 낳았다. 사내아이가 태어난 것을 알게 된 아물리우스는 쌍둥이를 티베리스 강에 버리도록 명령했다. 그러나 명령을 받은 신하는 어린 아기를 차마 강물 속에 버릴 수가 없어서 바구니에 담아 티베리스 강에 띄웠다. 쌍둥이를 실은 바구니는 강을 따라 흘러가다가 홍수로 티베리스 강이 범람하면서 무화과나무에 걸렸다. 아기의 울음소리를 듣고 달려온 암늑대가 갓 새끼를 낳은 터라 마치 자신의 새끼처럼 젖을 먹여 쌍둥이를 키웠다. 그런데 암 늑대는 로마의 신 마르스에게 바쳐진 동물이며, 신이 자기 자식들을 보호하기 위해서 보낸 것이라 한다. 또한 청딱따구리도 마르스의 새로서 암 늑대가 그들을 기르는 데 도움을 주었다.

어느 날 파우스툴루스라는 양치기가 팔라티노 언덕의 동굴을 지나가다 그곳에서 두 아이를 발견하고는 아내 아카 라렌티아에게 주어 기르기로 했다. 어떤 신화학자들, 특히 가톨릭 교부들의 이론을 따르는 저자들에 의하면, 쌍둥이에게 젖을 준 암 늑대가 바로 아카 라렌티아이며, 그녀는 방종한 행실 때문에 '암 늑대'라는 별명을 갖고 있었던 여인이었다고도 한다. 여하간 로물루스와 레무스란 이름으로 불린 이 쌍둥이 아이들은 건장한 청년으로 성장했다.

그러나 로물루스와 레무스는 주위의 악동들과 어울려 아물리우스의 목동들이 돌보는 양들을 훔치고 행패를 부리기도 했다. 그러던 어느 날, 두 형제는 아벤티누스 언덕의 목동들과 세력 다툼을 하게 되었다. 격렬하게 싸움을 벌이던 끝에 결국 쌍둥이 형제는 습격을 당하고 레무스가 붙잡히고 말았다. 양아버지 파우스툴루스는 쌍둥이가 전 왕 누미토르의 손자라는 것을 이전부터 알고 있었기 때문에 이 기회에 두 형제의 출생의 비밀을 로물루스에게 털어놓고 레무스를 구하러 갈 것을 요청했다. 로물루스는 젊은이들을 모아 아물리우스의 궁전을 공격했다. 둘은 각기 군대를 이끌고 궁전에서 합류하여 전투를 벌인 끝에 아물리우스를 살해하고 복수에 성공했다. 두 형제는 이렇게 하여 할아버지에게 알바 롱가의 왕권을 되찾아 주고, 왕의 손자라는 것을 인정받았다.

그 무렵 알바 롱가는 이미 인구 과잉 상태였으므로, 두 사람은 자신들이 자란 땅에 새로운 도시를 만들 계획을 세웠다. 그러나 누가 새로운 도시의 왕이 되어 도시 이름을 지을까 하는 것이 문제였다. 둘은 나이도 같았기 때문에 선뜻 정할 수가 없었다. 그래서 결국 신에게 묻기로 했다.

새점을 치기로 하고 로물루스는 팔라티노 언덕에, 그리고 레무스는 아벤티누스 언덕에 올라서서 새가 나타나기를 기다렸다. 처음에 여섯 마리의 새가 레무스의 위로 날아왔다. 그러나 그 후,

열두 마리의 새가 로물루스 쪽에 나타났다. 그러자 이번에는 먼저 새를 본 쪽이 왕이 되어야 하는지, 아니면 새가 많이 나타난 쪽이 왕이 되어야 하는지 명확하지가 않았다. 그래서 주민들이 둘로 나뉘어 난투를 벌이던 중 레무스는 목숨을 잃고 말았다. 한편 레무스가 신도시 건설 중에 성벽을 뛰어넘어, 모욕당한 로물루스가 화가 나서 레무스를 죽였다고 전해지기도 한다.

이렇게 하여 새로운 도시는 초대 왕 로물루스의 이름에서 연유하여 '로마'라는 이름을 갖게 되었다. 로물루스는 높은 성벽을 쌓고 시민에게 법을 만들어 주었으며 다수의 피난민을 받아들여 주민을 늘리고, 원로원이라는 의회도 만들었다. 그러나 도시의 미래와 번영에 꼭 필요한 여자들의 수가 부족했다. 왕은 미혼 여성을 받아들이기 위해 인근 도시들과 교섭했지만 잘 되지 않았다. 그러자 로물루스는 성대한 축제를 열어 인근 도시 사람들을 모으고 그중에서 여인들만을 독차지할 계획을 세웠다.

축제일에 신도시를 구경하기 위해 매우 많은 사람들이 모여들었다. 특히 로마와 이웃하여 살고 있는 한 종족인 사비니인들의 수가 많았다. 사람들이 모두 축제 행사를 보느라 정신을 빼앗기고 있는 틈을 이용하여 로마의 젊은이들이 일제히 젊은 여성들을 덮쳤다. 유력 시민으로 정해진 미녀 이외에는 누구를 선택해도 상관없었다. 남자들은 각기 사로잡은 여인을 자신의 집으로 데려가서 아내로 삼았다.

갑작스러운 사건에 화가 난 인근 도시의 남자들은 로마에 보복하기로 결정했다. 사비니인의 왕 티투스 타티우스의 군대는 어려움 없이 로마의 영내로 진입하여 카피톨리움 언덕에 진을 쳤다.

당시 카피톨리움 언덕에는 요새가 있었는데, 그 요새를 지키는 방위대장에게는 탈페이아라는 딸이 있었다. 탈페이아는 요새의 길을 안내하는 조건으로 타티우스 왕에게 '사비니 병사가 왼손에 가지고 있는 물건'을 달라고 요구했다. 그녀는 병사들의 금팔찌와 보석 반지가 탐이 났던 것이다. 그러나 병사들은 요새 안으로 들어오자 대가를 요구하는 탈페이아를 오른손에 쥐고 있던 방패로 눌러 죽였다.

이렇게 요새를 점령한 사비니군은 첫 전투에서 로마군을 패퇴시켰다. 패배의 위기를 맞은 로물루스는 유피테르 신에게 호소하여 전세를 역전 시켜주는 곳에 신전을 지어 바치겠다고 약속했다. 유피테르는 그 기도를 들어주었다. 그리하여 로물루스의 격려로 로마 군의 반격이 시작되었다. 바로 그때 놀라운 일이 발생했다. 로마인의 처가 된 사비니 여인들이 머리를 풀어헤친 채 울부짖으며 양군 사이로 뛰어 들어오는 것이었다. 그녀들은 아버지와 형제들이 있는 사비니 군과 남편들이 있는 로마군에게 서로 죽이는 일을 그만두라고 호소했다. 이에 로물루스와 타티우스는 전쟁을 멈추고 공동으로 로마를 통치하기로 결정했다.

그런데 타티우스가 일찍 죽자, 로물루스는 다시 단독으로 로마의 왕이 되었다. 그는 다른 인근 도시와의 전쟁에서도 승리하여 영토를 넓히며 33년 동안 로마를 다스렸다. 로물루스의 죽음, 또는 승천에 관한 이야기를 《그리스 로마 신화사전》은 이렇게 전하고 있다.

> 〔…〕로물루스는 아주 기이한 방식으로 54세의 나이에 지상에서의 생애를 마감했다. 7월 7일, 그는 팔루스 카프라이(염소의 습지)에 있는 마르스의 들판에서 군대를 사열하고 있었다. 갑자기 무시무시한 폭풍우가 닥치며 일식이 일어나더니 폭우 가운데 아무것도 보이지 않게 되었다. 비가 그치고 저마다 피했던 곳에서 다시 나와 보니 왕이 사라지고 없었다. 아예 산자들의 땅에서 사라져버린 것이었다. 그 후 율리우스 프로쿨루스라는 로마인이 꿈에서 로물루스를 보았는데 신들이 그를 데려갔으며, 그는 퀴리누스 신이 되었다하더라고 주장했다. 아울러 퀴리날리스 언덕 위에 그를 위한 신전을 요청하더라는 것이었다. 그대로 시행되었다. 후대의 회의적인 역사가들은 실은 원로원 의원들이 지나치게 인기 있는 왕을 암살하고 민심을 달래기 위해 그런 이야기를 지어낸 것이라고도 설명했다. 이러한 해석은 고전 시대에 코미티움의 검은 돌 아래 '로물루스의 무덤'이 있었다는 사실과도 부합한다.

큐피드와 프시케 이야기

먼 옛날 세 명의 딸만 가진 왕과 왕비가 있었다. 두 딸은 이미 결혼했으나, 막내딸 프시케는 언니들보다 훨씬 뛰어난 미인이었고 성격도 온화하고 상냥한 데다 지적이기도 했는데도 배우자가 나타나지 않았다. 그런데 미의 여신 베누스는 자신의 경쟁자가 있다는 것을 인정하고 싶어 하지 않았고, 프시케에게 쏟아지는 칭송에 더욱 화가 났다. 그래서 베누스는 이 아름다운 처녀에게 벌을 내리기로 작정했다.

그녀는 자신의 아들인 사랑의 신 큐피드의 도움을 청하기로 했다. 큐피드는 화살을 상비하고 다니면서 인간이나 신들에게 그 화살로 사랑의 불길을 일으킬 수 있는 가공할 능력을 갖고 있었다. 그래서 베누스는 프시케가 못생기고 고약한 괴물을 사랑하게 만들어 달라고 아들한데 부탁했다. 그러나 상황은 베누스가 희망한 대로 진행되지 않았다. 지상으로 내려온 큐피드가 프시케를 본 순간 자신이 사랑에 빠지고 말았다. 그리하여 큐피드는 어머니의 지시를 수행하기는커녕 온갖 정성을 다하여 프시케가 다른 사람을 사랑하지 않도록 했다.

얼마간의 세월이 흐르고 언니들이 결혼한 후에도 어쩐 일인지 프시케에게 구혼하는 사람이 없었다. 걱정이 된 왕이 신탁을 청하자, 큐피드에게 매수된 신의 신탁에 의하면 딸을 신부로 단장하여 산위의 암벽에 버리면 괴물이 나타나서 그녀를 신부로 맞이할 것이라고 했다.

프시케는 운명에 따라 신부 옷을 입고 산 위로 올라갔다. 그러나 괴물은 오지 않고 부드러운 서풍에 이끌려, 그녀는 기분 좋은 초원으로 가 그곳에서 깜빡 잠이 들었다. 한참 후에 눈을 뜨자 그녀의 앞에는 아름다운 정원과 장대한 궁전이 나타나 있었다. 궁전으로 들어가자 목소리만 들리는 시종들이 프시케를 맞이하여 온갖 시중을 들어주었다. 그리고 밤이 되자 모습이 보이지 않는 남편이 그녀를 아내로 맞이했다. 그러나 남편은 날이 밝기 전에 사라져

버렸다. 남편은 언제나 밤이면 나타났다가 날이 밝기 전에 사라졌다. 프시케는 궁전에서 아무런 불편 없이 살았다.

한편 프시케의 두 언니는 슬퍼하는 양친을 위해 동생을 찾아 나섰다. 이것을 알게 된 프시케의 남편은 두 언니의 목소리를 들어도 대답하지 말라고 그녀에 일러두었다. 그러나 아무도 만날 수 없는 고독한 생활을 참을 수 없었던 프시케는 언니들을 만나게 해달라고 매일 밤 울면서 남편을 졸랐다. 남편은 프시케의 애원을 들어주는 대신 그녀가 앞으로 행복하게 살고 싶다면 언니들의 꼬임에 넘어가서는 안 되며, 만약 꼬임에 넘어가 자신의 모습을 보게 되면 둘 사이에서 태어날 아기에게 주어진 불사의 운명이 사라질 것이라고 말했다.

서풍 제피로스의 안내로 두 언니는 궁전에 도착했다. 동생이 무사한 것을 본 두 언니는 그녀의 남편이 궁금해졌다. 그러나 프시케는 비밀을 지키기 위해 남편에 대해 일절 아무 말도 하지 않고 성대한 잔치만 베풀어 주었다. 그리고 두 언니가 집으로 돌아갈 때는 선물로 궁전의 보물까지 들려주었다. 두 언니는 행복하게 사는 동생을 몹시 부러워하며 궁전을 떠났다. 그날 밤 남편은 프시케에게 다시 한 번 조심하라고 충고했다. 언니들이 두 번째 방문했을 때 프시케는 임신을 한 상태였다. 그녀는 이번에도 푸짐한 선물을 주어 언니들을 돌려보냈다. 언니들은 질투와 함께 점점 더 그녀의 남편에 대해 호기심을 느끼기 시작했다. 세 번째 방문했을 때 두 언니는 동생이 남편의 모습을 모른다는 사실을 알게 되었다.

두 언니는 프시케에게 그녀의 남편이 무서운 괴물임에 틀림없으며 프시케는 물론 뱃속의 아이까지 해칠지 모르니 모습을 확인한 후 죽이라고 권했다. 프시케의 마음이 조금씩 흔들리기 시작했다. 밤이 되자, 남편은 평소와 같이 돌아와 그녀의 옆에 누워 잠이 들었다. 두려움과 호기심에 사로잡힌 그녀는 단도를 손에 쥐고 남편이 있는 쪽에 램프를 비추었다. 그러나 거기에는 무서운 괴물이 아니라, 젊고 아름다운 사랑의 신 큐피드가 누워 있었다. 빛나는 그의 모습에 그녀는 넋을 잃고 말았다. 그때 램프의 뜨거운 기름방울이 큐피드 어깨에 떨어져 상처를 냈다. 깜짝 놀라 잠에서 깬 큐피드는 아내에게 자신의 정체가 탄로 난 것을 알고는 그녀의 곁을 떠나 버리고 말았다.

프시케는 절망하여 강물에 몸을 던졌으나 간신히 목숨을 건졌다. 그녀는 언니들이 있는 곳으로 갔다. 프시케의 남편이 큐피드라는 사실을 알게 된 언니들은 자신들도 큐피드의 사랑을 받고 싶었다. 그래서 그녀들은 서풍에 날려가 큐피드의 궁전에 도착하기 위해 산 위에서 뛰어내렸다. 그러나 서풍은 불지 않고 그대로 바위에 떨어져 죽고 말았다. 사랑과 미의 여신 베누스는 큐피드와 프시케의 이야기를 듣고 극도로 화가 났다. 베누스는 아들 큐피드에게 얄밉도록 아름다운 프시케를 가장 추한 남자의 아내로 만들라고 명령했었는데, 아들이 그 약속을 어긴 것이다. 베누스는 프시케를 찾아내어 참혹하게 학대하고 하기 어려운 일만을 시켰다.

우선 베누스는 프시케에게 보리와 밀, 좁쌀 등이 섞여 있는 곡물

더미를 저녁때까지 종류별로 분리하라고 명령했다. 그러나 프시케를 돕는 개미가 수많은 동료 개미들을 모아 순식간에 곡물을 분리한 후 사라졌다.

다음 날 베누스는 프시케에게 황금 양털을 가져오라고 명령했다. 이번에는 강변의 갈대가 속삭이며, 낮에 강을 건너가 나무를 흔들면 안전하게 황금 양털을 구할 수 있다고 가르쳐 주었다. 베누스는 다음으로 높은 바위산 정상에 올라가 샘물을 길어오라고 명령했다. 그러나 이번에도 독수리가 그녀를 도와 물을 길어 주었다.

프시케가 어려운 일을 모두 해내자 더욱 화가 난 여신은 결국은 사자死者의 나라에까지 가라는 명령을 내렸다. 지옥의 여왕 페르세포네에게 가서 아름다움이 들어 있는 상자를 받아오라는 것이었다. 프시케는 절망하여 높은 탑에 올라가 몸을 던지려 했다. 그러자 탑이 지옥의 입구와 명계의 왕궁으로 가는 방법을 가르쳐 주면서 절대 상자 속을 들여다보지 말라고 충고했다. 프시케는 탑이 가르쳐준 대로 명계로 가서 상자를 받아 급히 돌아왔다. 그러나 도중에 호기심을 참지 못하고 상자 속을 들여다보고는 죽은 것처럼 깊은 잠에 빠지고 말았다. 상자 안에 있던 것은 아름다움이 아니라 죽음의 잠이었다.

한편 큐피드는 어깨의 화상을 치료하고 프시케를 도우러 왔다. 그는 죽음의 잠이 들어 있던 상자를 닫아 그녀를 깨웠다. 그리고 신들의 왕 유피테르에게 호소하여 프시케와의 결혼을 허락받았다. 프시케는 유피테르가 따라주는 불로불사不老不死의 술 넥타르를 마시고 여신이 되었다. 그리고 사랑의 신 큐피드의 영원한 아내로 모든 신들에게 축복을 받았다.

이 이야기는 로마 제정기 때의 아풀레이우스의 소설 《황금 당나귀》에 나오는 유명한 에피소드이다. 프시케는 '영혼', 큐피드는 '사랑'을 의미하므로, 영혼과 사랑의 만남, 이별, 시련, 그리고 결합이라는 플라톤 풍의 우의寓意를 나타낸 신화라 할 수 있다. 그러나 이 이야기의 재미는 철학적인 우의보다는 민화나 옛날이야기의 요소를 많이 도입했다는 점에 있다. 신부의 인신공양, 정체를 밝히는 것에 대한 터부와 그것의 위반, 자매의 질투, 고부간의 갈등, 그리고 '옛날 옛적에'로 시작하여 '행복하게 살았다'로 끝나는 민간 전승 이야기의 성격이 농후하다.

4. 기독교 신화

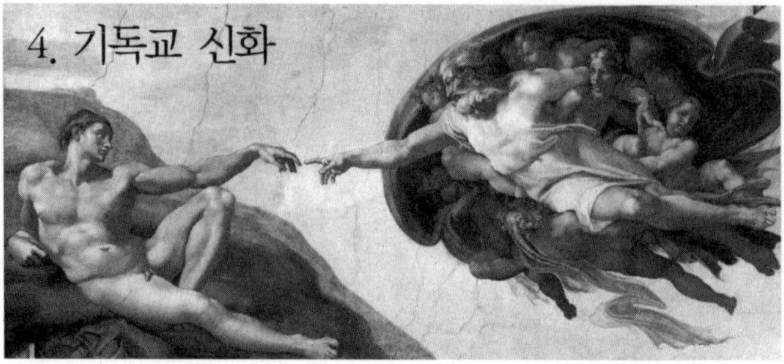

기독교는 그리스·로마에서의 '종교-신화'의 수준을 넘어서 2000여 년간 서양의 정신세계를 지배해온 하나의 종교로, 그리고 적어도 일부에서는 종교적 신화가 아니라 인류와 우주의 '역사'로 보는 종교로 정착해 왔다. 이 지구상에는 기독교 이외에도 이슬람교, 불교 등 여러 종교가 존재한다. 현재 진행형의 종교와 관련된 어떤 사실을 '그것이 진실이다' 또는 '조작된 허구에 불과하다'고 주장하게 되면 위험한 편견에 빠져 살못을 저지를 수도 있고, 그럼으로써 비난을 받을 수도 있다. 따라서 기독교 신화에 관해서는 우리가 수집할 수 있었던 몇 가지 자료를 통해서 여기 소개하는 수준에 그칠 것이다

〈창세기〉와 자료의 불균형

《구약성서》의 〈창세기〉는 신이 천지 만물과 아담과 이브, 그리고 에덴동산을 창조하는 신화(1-2장)로부터 시작한다. 그 뒤를 이어

3장에서는 금단의 열매와 아담과 이브가 낙원에서 추방당하는 기록, 4장에서 카인과 아벨, 6장에서 10장까지 홍수와 노아의 방주, 그리고 11장에서 50장까지 아브라함, 이삭, 야곱과 그의 자식들의 이야기로 이어진다.

그리고 〈출애굽기〉에서는, 이집트의 새 왕(람세스2세)이 이집트에 온 야곱과 그 권속들의 자손을 노역으로 탄압하자, 모세가 이들을 인솔하여 이집트를 탈출하여 홍해의 기적을 일으킨다. 그리고 그는 시나이 산에서 율법을 수령하고(〈출애굽기〉 20장-〈레위기〉) 황야를 방랑한다(〈민수기〉). 모세가 유언(〈신명기〉)을 남기고 죽자 그의 후계자 여호수아는 이스라엘 민족을 이끌고 "젖과 꿀이 흐르는 약속의 땅" 가나안(현재의 팔레스타인)에 정착한다.

전통적으로는 모세의 5경이라 불리는 《구약성서》의 처음 다섯 문서는 이와 같은 이야기를 기록했다는 점에서, 그 전체가 천지창조 신화로부터 이스라엘 민족의 성립과 고난의 역사를 기록한 일종의 이스라엘 민족사라고 할 수 있다.

모세 5경의 이야기는 가족과 씨족, 부족, 민족 사이에서 오랫동안 구전되어 온 이야기가 수백 년에 걸쳐 편집을 반복하면서 비로소 성립된 것이다. 그 때문에 자세히 보면 이야기의 앞뒤가 맞지 않는 곳이 적지 않다. 〈창세기〉 첫 머리에 나오는 천지창조와 지상에서의 동식물과 인간의 창조 역시 그 내용을 살펴보면 모순되는 서로 다른 두 종류의 창조신화가 존재하고 있다는 것을 알 수 있다.

조지 프레이저는 그의 《문명과 야만》에서 이에 대하여 다음과 같은 증언하고 있다. 《구약성서》의 〈창세기〉에 대한 자료는 두 종류가 있는데, 그 하나는 유대인이 바빌로니아의 포로 기간 중(기원전 587–537)이나 그 이후에 제사장이 쓴 기록들 가운데서 어느 성직자가 편집하여 쓴 제1장의 창조와 관련된 기록으로 '제사장 자료' 또는 '성직자 성경'으로 부르고 있다. 이 자료에서는 신이 천지창조 후, 물고기의 창조로부터 시작하여 새와 짐승들을 창조하고 마지막으로 남자와 여자를 창조하는 상승적 단계를 밟는다. 그러나 두 번째 자료는 기원전 9–8세기의 기록으로 전자의 기록보다 수백 년 앞선 것으로서, 2장의 내용은 1장의 순서와는 정반대이다. 사람, 에덴동산, 각종 짐승과 새, 여자의 순으로 전개되고 있다. 이 기록은 저자가 성직자가 아닌 평신도 신학자이고 신을 항상 여호와라고 부르고 있으므로 '여호와 자료' 또는 '평신도 성경'으로 부르고 있다.

〈창세기〉 1장의 천지창조에 관한 기록에서 첫째 날에는 하나님이 최초로 빛을 창조하고 빛과 어둠을 나누어 낮과 밤이라 칭하고, 둘째 날에는 궁창穹蒼의 물을 둘로 나누어 궁창 위의 물을 하늘이라 하고, 셋째 날에는 땅과 바다를, 그리고 풀과 채소와 각종 과목果木을, 넷째 날에는 태양과 달과 별들을 만들고 태양은 낮을 달은 밤을 주관하게 한다. 그리고 다섯째 날부터 땅 위의 생물을 차례로 창조한다. 그러나 2장에서의 천지창조는 1장의 기록을 계속 이어가는 것처럼 하기 위해 창조의 부분을 잘라낸 것으로 보인다. 일곱째

날의 안식에 관한 기록을 다시 되풀이하고 난 후, "여호와 하나님이 땅에 비를 내리지 아니하셨고 경작할 사람도 없었으므로 들에는 초목이 아직 없었고 밭에는 채소가 나지 아니하였으며, 안개만 땅에서 올라와 온 지면을 적셨더라"로 이어진다. 그리고 곧바로 사람과 에덴동산의 창조로 이어진다.

사람의 창조에 관한 기록에서도 1장과 2장은 상당한 차이가 난다. 1장에서는 "하나님이 자기 형상 곧 하나님의 형상대로 사람을 창조하시되 남자와 여자를 창조하시고, 하나님이 그들에게 복을 주시며 그들에게 이르시되 생육하고 번성하여 땅에 충만하라, [···]"고 하는 신의 명령만으로 모든 것이 그대로 이루어진다. 그리고 에덴동산의 이야기는 없다. 그러나 2장의 여호와 하나님은 아직 초목이 없는 지상에 최초로 사람을 흙으로 만들고 그의 코에 생기를 불어넣어 생명을 주고, 에덴동산을 창설하여 그곳에 살게 했다. 그 동산에서 흘러나오는 강은 넷으로 나눠져 대지를 적시고 동산의 중앙에는 생명의 나무와 먹으면 선악善惡을 알게 되는 나무 '선악과'가 자라고 있었다. 여호와는 사람에게 선악과의 열매를 따먹어서는 안 된다고 이르고 계속하여 야생의 짐승과 하늘의 새를 만들었다. 그러나 아담이 여전히 혼자였으므로, 여호와 하나님은 아담을 깊이 잠들게 한 뒤 그의 갈비뼈 일부를 취하여 여자를 만들어 주었다. 이것을 본 아담은 "이는 내 뼈 중의 뼈요 살 중의 살이라, 이것을 남자에게서 취하였은즉 여자라 칭하리라"라고 말했다.

두 가지 창조 신화 중 차이점을 드러내고 있는 부분을 요약·정리하면, 첫째, 2장에서의 천지창조 부분은 1장의 그것을 대신하기 위해 삭제된 것으로 보인다. 둘째, 1장에는 에덴동산에 관한 기록이 없다. 셋째, 1장에서는 다른 동식물이 만들어진 후 여섯째 날 남자와 여자가 동시에 만들어졌으나, 2장에서는 남자가 만들어진 후 다른 동식물이 만들어지고, 그리고 마지막으로 여자가 만들어졌다. 넷째, 1장에서는 신을 '하나님'이라 부르고, 2장에서는 '여호와 하나님'으로 부르고 있다. 다섯째, 1장의 신은 모든 것을 초월적인 '말씀'으로 창조하지만, 2장의 신은 매우 구체적이고 자상한 분으로 묘사되고 있다. 예를 들면, 흙을 이겨서 사람을 만들고, 나무를 심어 에덴동산을 만들고, 강을 만들어 이름까지 붙이며, 사람을 이끌어 그곳 동산에 살게 하고, 사람이 선악과를 먹고 자신들의 벗은 모습을 보고 부끄러워할 때 동산에서 추방하는 벌을 주지만 가죽옷을 지어 입히기까지 한다.

이런 점에서 볼 때, 〈창세기〉 1장 즉 '제사장 자료'는 이스라엘 민족이 노예상태에 빠져 있을 때 이들을 좀 더 효과적으로 통제·훈육하기 위해서 신을 엄격하고 초월적인 절대적 존재로 그리고 있는 반면, 2장 즉 '여호와 자료'는 이집트와 그리스의 신화에 영향을 많이 받은 좀 더 인간 중심의 신으로 묘사하고 있는 것으로 보인다. 그러나 프레이저가 《문명과 야만》에서 지적하고 있듯이, 2장의 저자는, 창조된 순서를 보면, 뱀의 속임수에 넘어가 신의 명령을 어기고 원죄의 원죄를 저지른 여성에게 깊은 불신을 감추지 않고 있다. 또한 이 두 저자는 그 이전에 있었던 구전 자료들을 정리하고 저자 자신의 의견을 첨가하면서 작성했을 것이다.

그러나 이 두 자료를 모아 엮은 후대의 성직자는 자료들을 정리하면서 면밀한 검토를 거쳐 조화를 이루는 것을 잊고 있었던 것 같다. 이렇게 자료의 불일치를 이루고 있는 것은 이것만이 아니다. 복음서의 권위 전체가 의심되며, 복음서가 완전치 못하다는 것을 증언하는 연구자들이 많다.

특히 영국의 BBC 방송에 방영되고, 그 후에 책으로 출판된 《성혈聖血과 성배 *The Holy blood and the Holy Grail*》(우리말로는 《예수는 결혼했었나》로 번역됨)에서 미첼 베이전트, 리처드 레이, 헨리 링컨이 증언한 바로는, 복음서들은 "신의 완전한 말씀을 대변하지 못하며 설사 신의 말을 대변한다 하더라도 그것은 인간에 의한 상당한 검열과 편집, 수정, 재집필을 거친 것일 게다. 신, 구약에 다 적용되는 말이지만 성서는 사람들이 쓴 글을 모아놓은 것이며 여러 면에서 볼 때 독단적인 것이다. 성서에는 현재 포함돼 있는 것보다 훨씬 더 많은 책들과 글이 포함될 수도 있었다. 그러나 여기서 빠진 책들은 어쩌다가 잃어버린 것들이라기보다는 고의적으로 제외되었을 가능성이 있다. 367년 알렉산드리아의 아타나시우스 주교는 신약에 포함시킬 글의 리스트를 작성했었다. 이 리스트는 393년 히포의 교회 회의에서 승인을 받았으며 4년 후에는 카르타지 회의에서도 인준을 받았다. 이들 교회 회의에서 신약성서에 들어갈 작품의 선정 작업이 이루어졌다. 오늘날 우리가 알고 있는 《신약성서》를 구성하기 위해 특별히 선정된 글을 종합했으며 여기서 빠진

나머지 것들은 무시되었다. 이와 같은 선정 작업을 어떻게 절대적인 것으로 간주할 수 있겠는가? 목사회의가 어떻게 성서에 들어갈 글과 제외될 글을 아무런 실수 없이 완벽하게 해낼 수가 있겠는가? 특히 제외된 책들의 일부는 역사적 진실성에 부합되는 가치를 인정받고 있어 이 문제는 더욱 심각하다"[37]는 것이다. 이 책이 1970년부터 10여 년에 걸친 끈질긴 추적과 연구의 결과라는 데 주목하지 않을 수 없다.

티모시 프리크와 피터 캔디가 쓴 《예수는 신화다》에서 주장한 바에 의하면, 복음서들 중에서 가장 문제점을 드러내고 있는 것은 〈누가복음〉이다. 그들의 주장을 믿는다면, 〈누가복음〉은 심각한 불일치를 드러내고 있다.

> 〈누가복음〉 속의 내용들 간에도 일관성을 잃은 구절이 있다. 누가는 '유대 왕 헤롯 때에'(〈누가복음〉 1 : 5) 요한과 예수가 6개월 간격으로 기적적으로 잉태되었다고 말한 후, AD 6년의 호구 조사 때에도 마리아가 여전히 임신 중인 것으로 그려 놓았다—그렇다면 아무리 짧게 잡아도 10년 동안은 임신을 하고 있었던 셈이다![38]

또한 초기 기독교도들 사이에 있었던 '영지주의'와 '문자주의'의 심각한 갈등이 있었다('영지주의'와 '문자주의'라는 표현은 《예수는 신화

---

37 미첼 베이전트 · 리처드 레이 · 헨리 링컨, 《예수는 결혼했나》, 홍성표 옮김, 문학예술사, p.284.

38 티모시 프리크 · 피터 캔디, 《예수는 신화다》, 승영조 옮김, 동아일보사, p.249. 인용문 속의 기호들은 이 책의 기호체제에 맞춘 것임.

다》의 역자가 영어 'literalism'을 '문자주의'로, 'gnosticism'을 '영지주의'로 표현한 번역어이다). 초기 기독교는 두 범주, 즉 문자주의와 영지주의로 나뉘어 대치하고 있었는데, 문자주의자Literalists라고 부르는 집단은 예수 이야기가 역사적인 사실이라며 성서의 내용을 문자 그대로 받아들인다. 4세기에 로마 제국이 받아들인 그리스도교가 바로 그것이다. 이는 로마 가톨릭 신앙이 되었으며, 훗날 여러 갈래로 분화되었다. 이와는 급진적으로 다른 그리스도교 집단이 있었는데, 영지주의자Gnostics가 바로 그들이다. 영지주의자를 정통 교회 입장에서는 보통 '그노시스파'라고 번역한다. 그노시스파의 사전적 의미는 영지靈知, 즉 신과의 직접적인 접촉에 의해 영적인 인식을 얻는다는 개념으로 그리스도교의 본질을 설명하려던 그리스도교인이며, 정통교회 입장에서는 이단이다.

결국 문자주의가 승리함으로써 영지주의 기록들은 모두 불살라지고 극소수의 기록만 남게 되었다. 그것도 19세기 이전에는 출판된 적이 없다. 그러나 1945년 이집트의 한 농부가 나그 함마디 근교의 한 토굴 속에 감춰져 있던 영지주의 장서를 우연히 발견함으로서 초기 기독교의 상황을 어느 정도 파악할 수 있는 계기가 되었다. 그 문서들은 훗날 《신약 성서》에 포함되지 못했던 〈도마의 복음서〉, 〈빌립의 복음서〉, 베드로와 12사도의 행적을 기술한 텍스트, 〈바울의 계시록〉과 〈야고보의 계시록〉 등으로, 이를 두고 '나그 함마디 문서'39라고 한다.

이와 같은 주장들을 모두 받아들인다면, 성서는 문자주의자들에 의해서 그들의 구미에 맞는 것만, 그것도 조작된 부분을 포함하여 후대에 편집된 것으로서 이들 성서에 심각한 문제가 제기될 수 있을 것이다.

예수의 탄생과 죽음

예수의 탄생과 죽음과 부활에 관해서, 사람들은 4세기 기독교의 '문자주의'가 정착한 이후부터 유럽의 르네상스 이전까지는 적어도 공개적으로 이의를 제기할 수 없었던 것 같다. 그러나 18세기 이후 예수의 생애에 관해서 이의를 제기하기 시작하여 최근에 와서는 그의 삶 자체를 신화로 보는, 다시 말해서 예수는 신화적 인물이

39 나그 함마디Nag Hammadi는 나지 함마디Naj Hammadi라고도 쓴다. 《예수는 결혼했었나》의 저자들에 의하면, "나그 함마디 문서는 초기 기독교에 관해서 많은 것을 말해주고 있다. 1945년 12월 나일 강 상류의 나그 함마디 마을에서 땅을 파던 한 농부가 붉은 질그릇 항아리 하나를 발굴했다. 거기에는 파피루스 두루마리로 된 13개의 사본이 가죽에 묶여 들어 있었다. 그 농부와 가족들은 그게 무엇인지를 모르고 사본의 일부를 불쏘시개로 사용했다. 그러나 남은 것들이 드디어 전문가들의 눈에 띄었다. 그중 하나는 이집트에서 유출되어 암시장에 매물로 나왔다. C. G. 융 재단이 사들인 그중의 한 사본이 오늘날 그 유명한 〈토마스 복음〉이다. 한편 이집트 정부는 1952년 남은 사본들을 국유화했다. 국제적인 전문가 팀이 그 사본들을 복사하고 번역하기 위해 한자리에 모인 것은 1961년이었다. 1972년 최초의 사진 복사판이 나왔다. 그리고 1977년에는 사본 전집이 처음으로 영어로 번역되어 나왔다. 나그 함마디 두루마리는 성경 사본집으로서 본질적으로 그노시스 성격을 띠고 있으며 4세기 후반 또는 5세기 초 때의 것으로 보인다. 이 두루마리들은 사본이며 그 원본은 훨씬 이전에 만들어진 것으로 보인다"(《예수는 결혼했었나》, pp. 343–345)라고 한다.

지 이 지구상에 실존했던 인물이 아니라는 주장까지 나오고 있다.

《예수는 결혼했었나》의 저자들에 의하면, 예수는 로마 제국에 대한 반대 세력의 온상지인 갈릴리 태생으로, 갈릴리뿐만 아니라 팔레스타인과 예루살렘 등 어느 곳에서나 귀족과 권력자들의 지지를 얻고 신권 제왕으로서의 그의 합법적 유산을 찾기 위한 일들을 하고 있었다. 그러나 그의 존재는 로마 당국과 사두세가 대표하는 유대인 부유층으로부터 반대에 봉착했다.

이 부유층이 예수의 왕위 계승권 실현 노력을 저지하려 나섰을 것으로 추측된다. 그러나 그들은 예수 제거 작전에서 희망한 만큼 성공하지 못했다. 그것은 예수가 고위층에 친구들을 확보하고 있었기 때문이다. 예수의 왕위 계승이 실패로 돌아가고 예수에 대한 탄압이 본격화되자, 이 친구들이 빌라도와의 은밀한 공모하에 예수에 대한 가짜 처형극을 연출했다. 처형 장소로는 일반이 접근할 수 없는 개인 정원을 택했다. 일반인들이 먼 거리에서 보는 가운데 십자가 처형이 시작되었다. 그리고 십자가에는 예수 대신 다른 사람이 못 박혔다. 그러니까 예수는 십자가에서 죽지 않았다는 얘기가 된다. 저녁 무렵이 되고 시계視界가 나빠진 가운데 십자가에서 시체 하나가 인근 무덤으로 옮겨졌고 2, 3일 후에 기적적으로 사라졌다는 것이다.

개인소유의 장소에서 비공식적으로 집행된 십자가 처형은 가짜였을 소지가 많다. 그건 말하자면 면밀하게 계획된 하나의 종교의식이었을 가능성이 있다는 것이다. 현장을 본 목격자도 몇 사람밖에 없었고, 상당히 떨어진 거리에서 그 광경을 지켜본 대중들은 누가 처형을 받고 있는지도 잘 알 수 없었을 것으로 추측할 수 있다. 또 십자가에 못 박힌 사람이 죽었더라도 그게 누구인지를 식별할 수 없었을 것이다.

그와 같은 연극을 하는 데는 빌라도 또는 로마 행정당국 고위층의 묵인 내지 협력이 있어야 했을 것으로 추측된다. 그리고 그랬을 가능성은 충분히 있다. 그렇다 치더라도 빌라도는 잔혹하고 포악한 사람이며, 동시에 뇌물에 약했으며 부패한 사람이었다. 그러니까 빌라도는 복음서에 표현된 것과는 달리 상당한 뇌물을 받았거나 더 이상 정치적 선동을 하지 않는다는 조건하에 예수를 살려주었을지도 모른다.

그의 동기가 무엇이든 빌라도가 어떤 형태로든지 예수 처형에 깊이 관련됐음은 사실인 것 같다. 그는 '유대의 왕'이라는 예수의 주장을 인정했다. 그는 또 예수가 예상보다 너무 빨리 죽었다는 말에 놀라움을 나타냈다. 혹은 놀라는 척했을 것이다. 그리고 무엇보다 중요한 건 그가 예수의 시체를 요셉에게 돌려주도록 허용한 일이다.

당시 로마법에 의하면 십자가에 못 박힌 사람의 시체는 매장될 수 없었다. 보통 군인들이 처형장을 감시하면서 가족이나 친지가 시체를 가져가지 못하도록 했다. 그러나 빌라도는 이런 규정을 깨고 예수의 시체를 요셉에게 넘겨주었다. 이건 빌라도가 어떤 음모에 협력했다는 얘기가 된다.

영어판 〈마가복음〉에는 요셉이 빌라도에게 예수의 시체를 돌려 달라고 요구한 것으로 되어 있다. 빌라도는 예수가 죽었다는 보고에 놀라움을 표시하고 백부장을 불러 사실을 확인한 후 요셉의 요구대로 예수의 시체를 내어 주었다. 이 얘기는 얼핏 보기에는 사실 같다. 그러나 그리스어로 된 〈마가복음〉에 보면 그 일이 그렇게 간단하지 않았다. 이에 따르면 요셉이 예수의 시체를 달라고 했을 때 '소마'SOMA란 말을 사용했다. 이 말은 살아 있는 육신을 부를 때만 쓰이는 단어이다. 그런데 빌라도는 요셉의 요구를 수락하고 시체를 돌려주라고 할 때 '시체'를 뜻하는 '프토마'PTOMA란 말을 사용했다. 이렇게 보면 요셉은 분명히 살아 있는 육신을 달라고 했고, 빌라도는 자기 생각에 죽은 것으로 되어 있는 '시체'를 되돌려 주도록 명령했던 것이다.

십자가에서 처형된 시체의 매장을 금지한 규정을 고려할 때 요셉이 좌우간 시체를 되돌려 받았다는 것 자체도 이상하다. 무슨 근거로 그는 시체를 받을 수 있었는가? 만약 그가 비밀 제자였다면, 그는 그 사실을 공개하지 않고는 시체를 요구할 수 없었을 것이다. 빌라도가 그 사실을 이미 알고 있었거나, 혹은 그 과정에 뭔가 음모가 개입되지 않았다면 요셉이 다짜고짜 예수의 시체를 요구하지 못했을 것이다.

요셉에 관해서는 거의 알려진 게 없다. 복음서에는 그가 예수의 비밀 제자이고, 로마 당국의 감독하에 있는 유대사회 통치기구인 '산헤드린'에 속해 있다고만 밝히고 있다. 따라서 요셉이 영향력 있는 인물이었다는 건 틀림없어 보인다. 이 사실은 빌라도를 상대한 그의 태도나 그가 묘지까지 갖춘 정원을 가지고 있었다는 사실로 입증이 된다.

중세의 전설들은 요셉을 성배의 관리자로 그리고 있다. 그리고 페르스발40은 그의 혈통인 것으로 되어 있다. 그 후의 다른 전설에 의하면, 그는 어떤 면으로든 예수와 예수 가족의 혈통과 연관되어 있는 것으로 전해진다. 이것이 사실이라면, 그에게 예수의 시체를 요구할 수 있는 최소한의 근거를 제공해 준다. 그렇지 않고는 빌라도가 십자가에 처형된 사람의 시신을 제3자에게 주었을 까닭이 없다. 요셉이 예수의 친척이라면, 빌라도는 뇌물을 받고 그에게 시체를 줄 만도 하다. 만약 부자이고 산헤드린 위원인 요셉이 예수의 혈족이었다면 예수의 귀족적 계보에 대한 내력도 설명이 된다. 그리고 그가 성배의 관리자라는 얘기도 더욱 그럴 듯해진다.

예수의 죽음은 곧 예수를 정점으로 하는 유대인들의 신성제국 건설이 실패로 돌아간 것을 의미한다. 문제의 과업이 실패하자 예수의 메시지를 중시하는 세력과 왕통을 찾으려는 세력 간의 불안한 동맹은 붕괴된 것 같다. 조직의 붕괴와 당시 지배계층으로부터 있을 임박한 학살에 직면한 그들은 각자의 길을 갈 수밖에 없었다. 예수의 왕통 복위론자들은 어떤 희생을 치르고라도 보존하려

■

40 페르스발Perceval은 프랑스 중세기의 작가 크레티앙 드 트루아Chrétien de Troyes의 마지막 소설 《페르스발 또는 성배 이야기*Perceval ou le conte du Graal*》(1190년 이전 작)에 등장하는 주인공 이름이다.

는 혈통을 위해 망명을 작정했다. 그러나 메시지에 매혹된 사람들에겐 혈통의 장래 같은 것에는 관심이 없었다. 그들의 눈엔 혈통은 부차적 문제였으며, 그들에게 꿈과 약속을 제시한 메시지의 전파가 목전의 과제였다.

기독교는 이들 메시지 신봉자들, 즉 '문자주의자들'의 덕분에 오랜 세월을 거치면서 오늘에 이르렀고, 우선적으로 로마인 또는 로마화된 대중을 겨냥할 수밖에 없었다. 그래서 예수를 죽음으로 몰고 간 로마와 빌라도의 역할은 미화되고 대부분의 죄는 유대인들에게 전가되었다. 로마인들은 이미 카이사르를 신격화했듯이 그들의 지도자를 신으로 모시는 데 습관이 되어 있었으므로, 로마에 번성하던 여러 다른 종교들과의 경쟁력을 갖기 위해서는 예수도 신격화해야 했다.

《예수는 결혼했었나》의 저자들은 《황금 가지》의 저자 프레이저와 《예수는 신화다》의 저자들과 거의 유사한 주장을 하고 있다. 기독교가 팔레스타인에서 시리아, 아시아, 그리스, 이집트, 로마, 서유럽에 이르기까지 성공리에 전파되기까지는 그 지역 사람들의 구미에 맞게 조작되어야 했다. 예수가 로마화된 세계에서 발을 붙이기 위해서는 이집트, 시리아, 페니키아, 그리스 등의 '메시아'와 마찬가지로 예수도 현신現身한 신이 돼야 했다. 또한 예수를 오시리스, 아도니스, 아티스, 디오니소스와 같은 신과 동격의 자리에 올려놓기 위해서 부활이 중요성을 띠게 된 것도 이와 때를 같이한다. 같은 이유로 예수가 처녀에게서 태어났다는 얘기도 널리 선포되었다.41 그리고 예수의 죽음과 부활을 축복하는 '부활절'은 다른 종교들의 봄 의식과 때를 맞추어 제정되었다. 봄에는 만물이 소생하는 계절이기 때문에, 고대 종교의 신들은 봄과 함께 부활했던 것이다. 부활은 자연의 소생을 상징하는 것이기 때문이다.

하나님의 종교를 전파하는 필요성에 밀려 현실의 왕족 혈통과 그에 따른 정치적, 왕조적 요인들은 부차적인 일로 밀려났다. 특정

■

41 제임스 흠 정본에 의하면, 〈이사야〉의 7장 14절은 "그러므로 주님께서 너에게 징표를 보여주시리니, 보라 처녀가 잉태하여 아들을 낳으리니 그 이름을 임마누엘이라 부를 것이로다"로 되어 있다. 처녀잉태, 특히 〈마태복음〉과 관련된 처녀잉태의 개념에 관한 논의에서는 〈이사야〉 7 : 10−17, 특히 14절을 고려하지 않으면 안 된다. 〈이사야〉 7 : 14의 고찰과 '처녀'라는 단어의 쓰임과 의미는 특히 처녀의 개념이 구세주 탄생의 징표로서 사용되었기 때문에 신학사에서 가장 유명한 논쟁 몇 가지를 야기했다. 쿰란Qumran 도서관에서 발견된 〈이사야서〉의 두루마리 덕분에, 문제의 여자를 나타낸 말이 원래 '젊은 여인'을 뜻하는 히브리어 알마alma임이 분명해졌다. 원본 매조렉틱 히브리어 구약성경Hebrew Masorectic Text(서기 6세기부터 10세기까지 유태의 학자들이 본래의 히브리어 구약성경을 재생시킨 것)을 그리스어로 번역한 이 셉투어신트 희랍어 성경the Septuagint(이집트의 유대인들을 위하여 구약 성경을 그리스어로 번역한 것. 처음 5권은 기원전 3세기 초에, 나머지는 2세기에 번역되었다고 보고 있다)으로 번역되었을 때, 단어 'alma'가 정확히 '젊은 여인'을 뜻하는 'neanis'가 아니고 '처녀'를 뜻하는 'parthenos'로 뚜렷한 이유 없이 바뀌었다. 어떤 학자는 예수가 탄생하기 직전, 즉 기원전 1세기에 이러한 일이 일어났다고 믿고 있다. 하지만 그것을 증명하기 위해서는 기독교 탄생 이전에 히브리어 성경을 희랍어로 번역한 성경 원본이 있어야 하는데, 지금은 존재하지 않는다. 어떤 경우이든, 그리스어 처녀parthenos가 옳다고 하더라도 〈이사야〉 7 : 14의 의미는 '현재는 처녀인 한 여사가 남편과 결합을 하여 자연적 과정으로 임마뉴엘이라는 아이를 낳을 것'이라고 해석해야 맞을 것이다(엘리자베스 클레어, 《불제자였던 예수》, 김용환 옮김, 나무, pp. 299−301 참조).

한 시간과 장소에 국한된 왕권에의 열망은 전우주적인 일로 분산되고 전환되었다. 그런 방향으로의 관심을 더욱 깊게 하기 위해 예수의 경력에서 정치적이고 왕조적인 요인들은 삭제될 수밖에 없었다. 결국 복음서에 담긴 내용 외에는 아무것도 남은 게 없었다. 복음서에는 신화와 같은 얘기, 로마 점령하의 팔레스타인에서 우연히 일어난 전설 같은 내용만이 수록되었다.

'메시지'가 이런 식으로 전개되는 동안 예수의 가족과 지지자들이 가만히 있었던 건 아니었다. 율리우스 아프리카누스는 1세기 역사를 쓰면서 예수의 생존한 일족들이 헤로디아 통치자들을 비난했다고 적었다. 즉, 그들은 왕위 계승권에 도전할 만한 모든 증거를 제거하기 위해 유대인 귀족들의 계보를 모조리 파괴했다는 것이다. 바로 이 일족들은 파괴되지 않고 남은 계보들을 가지고 세계 도처로 이주한 것으로 전해진다.

새로운 신화를 만들어 낸 사람들에게는 이들 예수 후손의 존재가 못내 마음에 걸렸다. 그 존재가 언젠가는 상당한 위험요인으로 등장할 수도 있었기 때문이다. 실제로 그리고 역사적으로 일어난 일들에 대한 증언자인 그 가족은 새로 창조된 신화에 큰 위협이 되었다. 그 가족은 역사의 뒤안길에 가려진 진상을 누구보다도 잘 알고 있기 때문에 조작된 신화쯤은 단숨에 무너뜨릴 수 있었다. 그래서 기독교의 초기에는 귀족, 왕족, 혈통, 정치적 또는 왕통의 야망에 관한 얘기들은 햇빛을 볼 수 없었다. 예수의 혈통에 관한 무서운 비밀을 암흑 속에 보존하기 위해, 정통 교리로부터의 이탈에 대한 초기 교회 관계자들의 불만을 은폐하기 위해, 그리고 반反 유대주의의 씨를 뿌리기 위해 가능한 모든 수단을 동원하여 예수의 혈족을 멸망시켜야 했다. 메시지 신봉자들과 새로운 신화의 전파자들은 유대인을 책망하고 로마인을 면책해 줌으로써 사실상 이중의 목적을 달성했다. 그들은 신화와 메시지를 로마 청중에게 솔깃하도록 만들었을 뿐만 아니라 예수의 가족에 대해서도, 그들도 유대인이기 때문에, 신뢰에 흠집을 내려고 했다. 그래서 그들이 조장한 반유대감정은 갈수록 깊어갔다. 만약 왕통을 중시하는 가족이 혹시 유대사회에서 피난처라도 마련하면, 대중의 박해로 인해 위험한 목격자들은 침묵을 지켰다.

로마 대중의 비위를 맞추고 예수를 신격화하여 유대인을 속죄양으로 이용함으로써 뒤에 '정통 기독교'가 된 새 신화의 전파는 성공적으로 진행되었다. 이와 같은 정교의 입장은 2세기에, 특히 180년경 이레나에우스[42]에 의해 스스로의 터전을 확정적으로 굳혔다. 아마 초기의 어떤 교회 창시자보다도 이레나에우스는 기독교 신학 체계에 안전하고 지속적인 형식을 부여했다. 그는 많은 저서를 통해 이 목적을 달성했다. 그 대표작이 《거짓된 그노시스설에 대한 반론》이었다. 그는 정교로부터의 모든 파행 사례를 열거하고 그것을 규탄했다. 그는 이단을 개탄하면서 참다운 교회는 하나밖에 존재할 수 없으며, 그 밖에서는 구원은 있을 수 없다고

42 이레나에우스Irénée(130–202). 초기 기독교의 이론을 정립한 프랑스 리옹Lyon의 주교.

주장했다. 이레나에우스는 누구든지 이 주장에 도전하는 사람을 이단으로 단정하고 당장 그를 추방하거나 가능하다면 학살했다.

소위 '정통 기독교'와는 길을 달리한 여러 가지 형태의 교파 가운데 그노시스파, 즉 영지주의자들은 이레나에우스의 분노를 가장 극심하게 자아냈던 교파이다. 그노시스 교리는 개인적 경험, 즉 개인과 신과의 직접적인 대화에 관심을 갖고 있었기 때문에, 이레나에우스가 볼 때 이 교리는 사제와 주교들의 권위를 무시하고 종교의 일체성에 파괴적인 요소로 작용하고 있었다. 그는 전력을 다해 그노시스파를 탄압했다. 그 목적을 위해 개인적 상상을 억제하고 고정된 교리에 대한 무조건적 신뢰를 강요하는 일이 필요했던 것이다. 그래서 신학적 체계가 필요했고 일단 구축된 교리에 대해서는 개인적 해석이 용납되지 않았다. 이레나에우스는 그노시스 교리에 대항하여 사도적 기반과 계승에 입각한 단일 가톨릭교회를 주장했다.

그와 같은 교회를 창조하기 위해, 그는 입수할 수 있는 모든 자료를 동원하여 더러는 빼고 더러는 삽입하면서 하나의 미사 성전을 만들었다. 그래서 이레나에우스는 오늘의 신약의 기초가 된 성전聖典을 최초로 저술한 사람이 되었다. 그런 일들이 초기 이교의 확산을 막지는 못했지만, 정교는 이레나에우스와 같은 포교자 덕분에 궁극적인 승리를 거둘 확고한 형태를 갖춰 나갔다. 따라서 이레나에우스가 로마의 콘스탄티누스 치하와 그 이후에 일어난 일들의 터전을 닦았으며, 그 이후 로마 제국은 어떤 의미에서 기독교 왕국이 되었다.

기독교는 로마 정권과의 조화를 도모함으로써 유대적 기원과는 점점 더 멀어졌다. 더구나 4세기까지는 예수의 탄생일이 1월 6일에 축복되었다. 그러나 콘스탄티누스의 통치가 시작된 1세기 이전부터 로마의 정교처럼 정착해 있던 '솔 인빅투스'[43]교의 가장 중요한 날은 12월 25일이었다. 이 날은 낮이 길어지기 시작하는 기점으로서 태양의 생일로 기념되었다. 이런 점에서도 기독교는 정부 및 기존 국교와 제휴한 셈이다.

콘스탄티누스는 325년에 니세아 평의회를 소집했다. 이 회의에서 부활절의 날짜가 결정되었고 주교의 권능을 정하는 규칙이 만들어졌다. 그래서 성직자들의 권력 장악의 길이 열렸다. 그러나 무엇보다도 중요한 것은 이 회의가 예수는 생명이 유한한 예언자가 아니라 신이었다는 것을 투표로 결정했다는 사실이다. 그리고 콘스탄티누스의 한결같은 관심은 신앙이 아니라 정치적 단결과 편의성이었나. 하나의 신으로서 예수는 솔 인빅투스와 편리하게 융화될 수 있지만, 유한한 인간으로서는 조화되기 어려웠다는 점을 노린 것이다. 그래서 기독교는 공식 국교와 정치적으로 바람직한 제휴를 했고, 콘스탄티누스는 그에 상응하는 지원을 기독교에

43 솔 인빅투스Sol invictus. '보이지 않는 태양'이라는 뜻으로 시리아에서 출발하여 로마의 콘스탄티누스 황제에 이르기까지 로마의 정교처럼 정착해 있던 태양신을 유일신으로 믿는 일종의 종교이다. 태양신에 대한 이 신앙은 이집트의 태양신에 대한 신앙과 유사성을 갖고 있다.

보냈다.

니세아 평의회가 개최된 1년 뒤, 그는 정교에 도전하는 모든 책들을 압수, 파괴하도록 명령했다. 여기엔 우상을 숭배하는 저자들의 책으로서 예수에 대해 언급하고 있는 모든 저서들과 '이단적' 기독교도들의 책들이 포함되어 있었다. 그는 또 교회에 일정액의 소득을 할당토록 하고 왕궁에 로마 주교를 책봉했다. 331년에 그는 새로운 성경을 만들도록 지시하고 자금을 제공했다. 이는 전 기독교 역사를 통틀어서 가장 결정적인 정교단일 요인이 되었다.

303년, 반反기독교적이었던 디오클레티아 황제는 발견되는 모든 기독교 서적을 파괴하도록 한 적이 있었다. 그때 기독교 서적들, 특히 로마에 있던 서적들은 거의 없어졌다. 콘스탄티누스가 새로운 성경의 작성을 지시하자 정교 관계자들은 그들의 교리에 맞게 성경 내용을 수정·편집·가필했다는 것이다. 신약 내용에 결정적 변경이 생기고 예수가 지금과 같은 별난 지위를 갖게 된 건 바로 이때부터였다. 오늘날 존재하는 《신약성서》는 본질적으로 4세기 때 편집자와 저자들의 작품인 것으로 판단하고 있다.

그런데 위에서 언급한 나그 함마디 문서는 내용에 의도적인 가감이 없는 초기 기독교 문헌의 보고를 이루고 있다. 이 문서들은 로마 정교회의 검열이나 수정을 받지 않았고, 이것들은 로마인이 아니라 이집트인을 위해 만들어졌다. 따라서 로마인의 비위에 맞게 왜곡되거나 편향되지도 않았다. 그리고 이 문서들은 직접적인 출처 또는 목격자의 진술에 근거하고 있기 때문에 그 신빙성에 무게를 둘 수 있다는 것이다. 이들 두루마리에 정교회나 메시지 신봉자들이 보면 경악할 내용들이 많이 적혀 있는 건 당연하다. 《예수는 결혼했었나》의 저자들은 나그 함마디 문서에 기록된 예수의 죽음과 부활에 관련된 흥미 있는 기록을 인용하고 있다. 예수는 대리자를 십자가에 못 박히게 하고 현장을 벗어난 뒤 처음 만난 사람에게 다음과 같이 말했다고 한다.

> 나는 그들이 계획한 대로 굴복하지 않았다 … 그리고 난 실제로 죽지 않았고 죽는 척했다. 그들에게 창피를 당하지 않기 위해서였다. 그들이 실제로 일어났다고 생각한 나의 죽음은 실은 그들의 과오와 무지 속에서 그들 자신에게 일어났다 … 쓸개즙과 식초를 마신 건 다른 사람, 그들의 아버지였다. 나는 아니었다. 어깨에 십자가를 짊어진 건 다른 사람, 시몬이었다. 그들이 면류관을 씌운 건 다른 사람이었다 … 그리고 나는 그들의 무지를 비웃고 있었다(《예수는 결혼했었나》, pp. 344—345).

더욱이 이 저자들은 막달라 마리아에 대한 매우 흥미로운 주장을 하고 있다. 나그 함마디 두루마리의 다른 사본에는 베드로와 막달라 간의 깊은 불화에 관한 목격담이 적혀 있는데, 그와 같은 불화는 메시지 신봉자와 혈통 신봉자들 간의 내분을 반영하는 것으로 보고 있다. 막달라에 대한 예수의 특별한 배려와 같은 정황[44]

44 다음은 나그 함마디 문서에서 인용된 문단이다. "그런데 구세주의 친구는 마리아 막달라이다. 하지만 그리스도는 모든 제자보다 그 여자를 사랑했고 툭하면 그 여자의 입에 키스하곤 했다. 다른 제자들은 언짢아져서 불평을 털어놓았다. 그들은 그에게 말했다. '왜 당신은 우리 모두들보다

으로 봐서, 막달라 마리아는 예수의 아내였다는 주장이다. 그러나 결국 승리를 하여 서구문명의 진로를 결정하게 한 것은 복음의 추종자들이었다. 그들이 지식과 정보유통과 기록을 독점하게 되었으니, 예수의 가족이 존재했음을 시사해 주는 증거는 거의 남지 않게 되었다. 그러나 모든 것이 복음의 추종자들 뜻대로 되지는 않았다. 기독교 역사의 최초 2세기간은 억제할 수 없을 정도로 이단에 물들어 있었고, 그 후의 시대에는 더욱 더 그러했다. 신학적으로는 이레나에우스에 의해, 정치적으로는 콘스탄티누스에 의해 정교正教의 지위가 확립되었지만, 이단 역시 그 어떤 시기보다 활발히 번창해 나갔다.

이러한 이단 중에서도 가장 유명하고 과격했던 것은 마니교敎[45]

그 여자를 더 사랑하나요?' 구세주가 그들에게 대답했다. '왜 내가 그 여자처럼 너희를 사랑하지 않을까?' "(《예수는 결혼했었나》, pp. 344—345).

45 마니교manichéisme는 "페르시아 왕가와 연결이 되는 어떤 바그다드 근처의 가정에서 서기 214년에 태어난 마니라는 사람에 의해 창설되었다. 젊은 시절 마니는 그의 아버지를 통해 그노시스파일지도 모르는 확실히 밝혀지지 않은 어떤 〔…〕 신비적 교단에 들어가게 되었다. 그 교단은 금욕과 독신생활을 중요시 했으며 흰 도포를 착용했다. 240년경 마니는 자신의 가르침을 전파하기 시작했으며, 예수와 마찬가지로 영혼을 통한 치료와 구마驅魔로 명성을 날렸다. 그의 추종자들은 그를 '새로운 예수'라고 선언했으며 심지어는 그가 동정녀로부터 태어났다고까지 주장했다. 동정녀로부터 태어난다는 것은 그 당시에 있어 신성神性의 필요조건이었다. 〔…〕 그 후 아랍의 역사가들에 의하면, 마니는 많은 책을 펴내었고, 자신이 그 책을 통해 예수가 애매모호하게만 언급했던 비밀들을 털어놓았다고 주장했다고 한다. 그는 자라투스트라, 석가, 그리고 예수를 자신의 선구자로 보았으며 그들과 마찬가지로 자신도 본질적으로 똑같은

였다. 이것은 본질적으로 초기 조로아스터교와 미드라스교 전통이 가미된 그노시스 기독교의 한 종류였다. 마니의 가르침은 위압적이면서도 정교한 우주론적 체계를 갖춘 그노시스적 2원론으로 이루어져 있다. 존재하는 모든 것은 빛과 어둠의 우주적 충돌이었으며, 그 두 가지 반대된 본질이 가장 치열하게 싸우는 곳은 인간의 영혼이라고 주장했다. 후기 카타르 파와 마찬가지로 그 역시 '엘뤼 코앵'Elus coën, 즉 선구자 계층이 있어야 한다고 강조했다. 그는 예수를 '과부의 아들'이라 했는데, 이 말은 그 후 프랑 마손느리에 의해 채택되었다.[46] 또한 그는 예수가 죽게 마련인 인간이며, 설사 신성하다 하더라도 그것은 계몽을 통해 얻어진 상징적인 의미의 신성함이라고 말했다. 그리고 마니는 바실리데스[47]와 마찬가지로 예수가 십자가에서 죽은 것이 아니라 다른 사람이 대신 죽었다고 주장했다고 한다.

마니는 276년 왕명에 의해 투옥되어 참형을 당했다. 그러나 그의 순교로 인해 마니교는 더욱 기세를 떨쳤고, 후기 추종자 중에는 비록 짧은 기간 동안이었지만, 성 아우구스티누스도 포함되었다

출처로부터 똑같은 개명開明을 받았다고 주장했다. (…) 서기 276년 그는 왕명에 의해 투옥되었으며, 껍질을 벗기고 사지를 절단하여 죽이는 참형을 당했다"(위의 책, p.347).

46 18세기 프랑스와 유럽에서 일어난 '엘뤼 코앵'과 '과부의 아들'에 관한 문제는 다음 장 '새로운 신화의 탄생'에서 재론할 예정이다.

47 바실리데스Basilide는 서기 2세기 초반에 신비주의 밀교를 창시했던 알렉산드리아의 그노시스파의 일원이었다.

고 한다. 마니교는 놀랍게 빠른 속도로 기독교 세계에 펴졌다. 이를 저지하려는 필사적인 노력에도 불구하고, 그것은 살아남아 그 이후의 사상가들에게 영향을 미침으로써 현재까지 그 명맥을 유지할 수 있었다. 스페인과 프랑스 남부에서는 특히 마니교파의 활동이 활발했다. 십자군 운동 시기에 이르러 이 교파들은 이탈리아와 불가리아의 다른 마니교 교단들과 유대를 형성하고 있었다. 카타르파는 프랑스 내에 오랫동안 뿌리박아 온 마니교파로부터 유래했던 것으로 보인다. 그래서 알비종파에 대한 십자군 원정**48**은 바로 마니교파에 대한 탄압으로 보인다. 따라서 카타르파와 알비종파, 마니교파 등은 결국 그노시스파의 한 유파로 볼 수 있을 것이다.

《예수는 결혼했었나》의 저자들은 "예수의 아내와 자식들 〔…〕이 성지를 도망쳐 나온 후 프랑스 남부에 피신했고 그곳의 유대인 사회 내에서 혈통을 보존했다. 5세기 중에 이 혈통은 프랑크족 왕가와 결혼을 하게 되었던 것 같으며, 그렇게 해서 메로빙거 왕조가 탄생했다. 서기 496년 교회는 메로빙거 왕조와 협정을 맺어 메로

48 '알비종파 교도'Albigeois는 프랑스 남부 랑그 독Langue d'oc 지방의 카타르 교도들Cathares에게 붙인 이름이다. 이 이름과 관련된 알비Albi 지역은 카타르교파의 확산에 큰 영향을 미친 것은 아니다. 그런데 1208년 로마 교황의 특사 피에르 드 가스테노Pierre de Casteinau가 이곳에서 살해되었다. 로마 교황청은 툴루즈 백작이 이 음모를 지시했거나, 적어도 부추긴 것이라고 생각했다. 교황 인노켄티우스 3세는 이 일로 알비종파 교도들에 대한 십자군 전쟁을 명령했다.

빙거 혈통을 영원히 후원할 것을 약속했는데, 이때 교회는 메로빙거 혈통의 유래를 잘 알고 있었을 가능성이 크다. 그렇게 가정을 함으로써 어째서 클로비스(466–511)에게 신성로마제국 황제의 지위가 주어졌는지, 또 왜 교회가 그를 왕으로 임명한 것이 아니라 그가 왕인 것을 인정했는지가 설명되는 것"이라고 주장했다.

그로부터 300년 후, 교회는 다고베르 2세[49]의 암살을 공모하고 메로빙거 혈통을 배반함으로써 씻을 수 없는 잘못을 저지르게 되었다는 것이다. 그러나 당시 메로빙거 왕가는 권한도 힘도 없었다. 무기력한 왕을 대신하여 왕가의 집사격인 '궁중감독관'Maire du palais이 정치적, 군사적인 권한을 행사하고 있었다. 이런 상황에서 교회는 주위의 위협, 즉 사라센의 침략과 롬바르드인의 위협을 막아 줄 수 있는 프랑스의 궁중감독관에게 의지할 수밖에 없었을

49 다고베르Dagobert 2세는 656년 부친인 시즈베르Sigebert 3세가 죽자 당시 오스트라지의 궁중감독관인 그리모알드Grimoald에 의해 아일랜드의 한 수도원에 유폐되었다. 그리모알드는 다고베르 2세를 추방하고 자신의 아들 쉴드베르Childebert를 왕좌에 앉히지만, 실드베르가 피살됨으로써 왕위찬탈은 실패로 돌아가고 만다. 다고베르 2세는 귀족들의 추대로 오스트라지의 왕(656–679?)으로 복귀한다. 그 후 다고베르 2세는 그리모알드에 의해서 스트네Stenay 근처의 브와브르 숲Woëvre에서 살해되었다. 그리고 그가 죽은 후, 몇 세대가 지나서 쉴드릭Childeric 3세는 페팽 르 브레프Pépin le Bref에 의해 폐위되고 메로빙거 왕조를 마감하게 된다. 754년 교황 스테파누스 2세는 카롤링거 왕조의 출범을 공식화한다. 당시 프랑크 왕국은 왕이 사망하면 왕자들이 왕국을 분할 상속한다는 제도 때문에 국토는 아키텐Aquitaine, 오스트라지Austragie, 부르고뉴Bourgogne, 뇌스트리Neustrie 등으로 분할되어 있었다.

것으로 보인다. 어쨌든 교회는 이 모든 것을 감출 수밖에 없었다. 메로빙거 가의 진짜 유래가 드러나게 되면 로마 교회의 위치는 큰 위협을 받을 수밖에 없었기 때문이다.

교회의 필사적인 말살 노력에도 불구하고 예수의 혈통, 즉 메로빙거가의 혈통은 보존이 되었다. 그 혈통은 부분적으로는 카롤링거 가로 이어졌다. 카롤링거가 사람들은 그들의 찬탈 행위에 대해 로마 이상으로 죄의식을 느꼈고, 따라서 메로빙거가 왕녀들과 왕조 간의 결연을 맺음으로써 스스로를 정당화시키려 했던 것이다. 그러나 더욱 중요한 것은 그 혈통이 다고베르 2세의 아들 시즈베르를 통해 이어졌다는 점이다. 시즈베르의 후손 중에는 셉티마니아 유대왕국**50**의 통치자 귈랭 드 겔론이, 그리고 고드프루아 드 부이용이 포함되어 있었다. 고드프루아가 1099년 십자군 원정에 의해 예루살렘을 정복함으로써 예수의 핏줄은 그들의 합법적인 유산을, 구약시대에 그들에게 주어졌던 유산을 되찾게 된 것이었다.

메로빙거 왕조의 복원은 법적으로나 도덕적으로나 정당화될 수 있다. 8세기에 비록 왕위에서 축출되었으나, 메로빙거 왕조의 혈통은 끊어지지 않았다. 메로빙거 혈통은 다고베르 2세와 그의 아들 시즈베르 4세로부터 직계로 계속되어 내려와 있다. 왕조 간

■

50 셉티마니아Septimanie는 서고트인들Wisigoths이 차지하고 있던 론 강le Rhône과 중앙 산맥Massif central과 피레네Pyrénées 산맥 사이의 남부 골Gaule 지방을 말한다. 이 지방은 719년 아랍인들에 점령당했다가 759년 페팽 르 브레프Pépin le Bref에 의해 재정복되어 나르본Narbonne 공국의 툴루즈 백작령이 되었다. 그리고 1229년 프랑스에 편입되었다.

의 결합과 교차 결혼에 의해 이 혈통에는 1099년 예루살렘을 탈환했던 고드프루아 드 부이용을 비롯해, 블랑셰포르, 지소르, 생 클레르, 몽테스키외, 몽페자, 포헤르, 루이시낭, 플랑타르, 합스부르크, 로렌 등 다수의 왕족 및 귀족 가문이 포함되게 되었다.

이 혈통은 오늘날에도 '시옹 수도회'란 비밀 단체로 결집되어 있는 것으로 보인다. 시옹 수도회는 예루살렘 정복이 있기 9년 전인 1090년 고드프루아 드 부이용에 의해 창설되었다. 그 기사단의 공식 주둔지는 몽 드 시옹Mont de Sion에 있는 노트르담 사원, 또는 예루살렘 교외에 있는 시온 산으로 추측되고 있다. 한편 '템플기사단'은 이 기사단이 창설된 1118년 이전에 이미 초기 형태로 4년여 동안 존재했으며, 1118년 훨씬 이전부터 시옹 수도회의 군사적 또는 행정적 지부로서 활동할 수 있었을 것이다.

그 후 메로빙거가는 시옹 수도원의 협조와 지시, 혹은 보호하에 자신들의 유산을 되찾으려는 시도를 거듭했다. 그러한 노력에는 최소한 세 개의 상호관련이 있는, 그리면서도 본질적으로 별개의 것인 계획들이 포함되어 있었던 것으로 보인다.

그중 하나는 로마교회의 정신적 주도권을 침식하는 어떤 은밀한 전통을 만들어 내는 것이었다. 그러한 전통은 연금술과 비교秘敎 사상 속에, 장미십자군 선언서 및 그와 유사한 기록 속에, 그리고 프랑 마손느리의 일부 의식 속에 표현되었다. 두 번째 계획은 정치적 음모와 책략에 의해 권력을 장악하는 것을 포함하는 것으로서 16세기에 기즈와 로렌가家[51]에 의해, 그리고 17세기에는 프롱드난[52]을 통해 보여 준 수법이었다. 세 번째로 추구한 계획은 왕조간의 결혼이었다.

그들이 거의 성공에 도달할 뻔했다가 계산 잘못으로, 또는 예기치 않은 상황 때문에 실패한 사례가 최소한 4개는 된다. 예컨대 16세기에 기즈가家는 프랑스의 왕좌에 거의 오를 뻔했었다. 17세기에 프롱드는 루이 16세를 왕위에 오르지 못하게 하고, 그 대신 로렌 가의 대표를 그 자리에 앉히는 데 거의 성공할 뻔했었다. 19세기 말엽에는 일종의 새로운 '신성동맹'[53] 같은 것을 위한 청사진이 마련되었다. 그것에 따르면 오스트리아, 프랑스, 이탈리아, 스페인 등 유럽의 기독교국가가 합스부르크가와 개조된 교회에 의해 지배되는 유럽의 신권정치神權政治 합중국을 세우려 했다. 그러나 이러한 계획은 독일과 러시아의 변덕스럽고 공격적인 행위로 1차

■

51 기즈Guise는 로렌Lorraine가의 한 분가分家로서 같은 집안에 속한다.

52 프롱드난Fronde. 스페인 출신의 안 도트리슈Anne d'Autriche가 섭정을 맡은 루이 14세의 미성년 시절, 이탈리아 출신의 추기경 마자랭Mazarin이 정부를 이끌고 있었다. 리슐리외Richelieu 이후 추기경들의 권력 장악과 왕권강화에 대한 불만, 그리고 재정악화와 세금의 과중함에 대한 불만 등으로 드디어 마자랭의 집에 돌이 날아든 것으로 프롱드난(fronde는 프랑스어로 투석기란 뜻이다)이 촉발되었다. 1648-49년 1차 내란은 고등법원이 주동이 되었고, 1649-53년 2차 내란은 대귀족들이 반기를 든 내란이었다.

53 신성동맹la Ligue. 종교전쟁의 와중에 신교에 대항하여 결집한 가톨릭 집단으로서, 기즈와 로렌가는 신성동맹에 속하는 집안이었다. 이 시기에 앙리 드 기즈는 거의 왕이 될 뻔했다. 1562년에서 1593년까지 8회에 걸친 전쟁을 치른 후에, 앙리 4세가 낭트 칙령을 통해서 종교의 자유를 허락함으로써 30년에 걸친 종교전쟁은 일단락된다.

대전이 일어나고 유럽의 왕조들이 몰락함으로써 무산되었다.

결론적으로 말해서, 《예수는 결혼했었나》의 저자들은 예수는 결혼하여 자손을 가진 것으로 추측한다. 신약의 복음서에 나오는 신비스런 여인 막달라 마리아가 예수의 아내였을 것이고, 이들의 결합으로 자손이 나왔을 것으로 추정한다. 더욱이 1969년 교황청은 막달라 마리아가 창녀가 아니라고 공식 인정한 바 있다. 따라서 이 추측은 상당한 신빙성을 갖고 있는 것으로 보인다.

예수의 십자가 처형 이후 막달라 마리아는 최소한 한 명의 자손을 데리고 골Gaule로 몰래 피신했을 것이다. 이곳은 이미 유대인들이 자리를 잡고 살고 있는 곳이어서 여기서 피난처를 찾았을 것이다. 요컨대 직접 예수에게서 물려받은 혈통이 형성됐을 거라는 것이다. 그 후 아마도 이 혈통은 약 4백 년 동안 익명으로 온전하게 보존되었을 것이다. 그 사이에 유대인 가문끼리는 물론 로마인 및 비시고트인과의 왕조 간 결혼을 했을 것이다. 그리하여 5세기경 예수의 혈통은 프랑크 족의 왕통과 연합하게 되어 메로빙거 왕조를 탄생시켰을 것으로 추측되고 있다. 그리고 성배聖杯는 막달라 마리아를 상징적으로 나타낸 것이며, 이 성배는 프랑스의 브르타뉴 지방을 중심으로 형성된 여러 이야기와 결합하여 아서 왕과 원탁의 기사 등과 관련된 이야기로 발전된 것으로 보고 있다.

메로빙거 왕조는 로마 교황청과의 묵계에 의해서 300여 년간 왕통을 계속했다. 그러나 위에서 지적했듯이, 8세기 로마 교황청은 이 왕조와의 약속을 배반하고 새로운 카롤링거 왕조를 탄생시킨다. 그 당시는 예수의 행적을 폭로했다면 오히려 '광인' 또는 '마귀에 쓰인 자'의 누명을 쓰고 죽음을 면치 못했을 정도로 이미 가톨릭, 즉 문자주의는 로마 교황이라는 절대 권력자를 등에 업고 있었다.

한편 예수의 존재 자체를 순수한 신화로 보는 주장도 있다. 《예수는 신화다》라는 저서에서 저자들은 예수의 존재를 고대 신비주의 신앙의 영적 지도자들, 즉 이집트의 오시리스, 그리스의 디오니소스, 시리아의 아도니스, 소아시아의 아티스, 로마에서는 바쿠스, 페르시아에서는 미트라스 등과 같은 신인들과 비교하고 있다. 이들 신화적 존재들은 모두 죽었다가 부활한다는 것을 증언하고 있다. 뿐만 아니라 출생지가 동굴 또는 외양간이라는 점, 동정녀에게서의 잉태와 출생 등, 모두 예수의 생애와 유사하게 일치하고 있다는 것이다. 따라서 기독교의 영지주의가 본래의 진정한 종교이고, 현재의 기독교 교리는 후에 문자주의자들에 의해 왜곡된 것이라고 보고 있다.

이들 저자들은 현재의 기독교 문서들이 왜곡되어 있는 예들을 하나하나 열거한 후, 기독교에 대하여 다음과 같이 격렬하게 비난하고 있다.

> 고대인들은 피라미드와 파르테논 신전을 세웠지만, 유럽 지역의 그리스도교인들은 몇 백 년이 지나는 동안 벽돌집을 짓는 방법도 잊어버렸다. BC 1세기에 포시도니우스는 행성들의 궤도를 충실하

게 반영한 태양계의 아름다운 공전 모형을 만들었다. AD 4세기 말경에는, 하나님이 매일 밤마다 하늘에 별을 설치한다는 것을 믿지 않는 것은 신성 모독으로 간주되었다. BC 3세기에, 알렉산드리아의 학자 에라토스테네스는 불과 몇 퍼센트의 오차 이내에서 지구의 둘레를 정확히 추산해 냈다. 그러나 AD 4세기 말경에는 지구가 평평하다는 것을 믿지 않으면 이단자로 몰렸다.

우리는 자문하지 않을 수 없다. 이교 신앙이 그토록 원시적인 반면, 문자주의 그리스도교가 유일하게 참된 종교라면, 왜 이교 신앙은 그토록 찬란한 문명을 꽃피웠고, 왜 참 종교는 그토록 몽매한 1천년의 암흑시대를 불러왔는가?(《예수는 신화다》, pp. 428-429)

그러나 이들의 주장에는 과장 내지는 오판의 소지가 있다. 예를 들면, 이들 신인들이 모두 출생지가 동일하고 동정녀 태생이라는 주장, "유럽 지역의 그리스도교인들은 몇 백 년이 지나는 동안 벽돌집을 짓는 방법도 잊어버렸다"는 주장은 잘못된 것으로 보인다. 한편 예수의 존재를 확인하는 증거들이 있다. 《예수는 신화다》의 저자들은 예수가 14세부터 28세까지의 흔적을 정확히 조사하지 못했던 것 같다. 당시의 예수의 흔적을 발견한 증언들이 있다.

엘리자베스 클레어가 쓴 《불제자였던 예수》에서 니콜라스 노토비치Nicolas Notovitch는 러시아 기자로서 1887년 티베트의 수도 라닥 지방을 여행하는 도중 고대 불교인의 사본을 발견했다고 한다. 그가 쓴 문제의 《성자, 이사의 생애》의 전문이 《불제자였던 예수》에 소개되어 있다. 또한 불교스님인 스와니 아베다난다는 노토비치의 저술의 내용을 확인하기 위해 직접 히미스 사원을 방문하여 사실을 확인했다. 《불제자였던 예수》에 소개된 이사의 생애에 관한 필사본의 내용은 노토비치의 그것과 일치한다. 그리고 러시아 고고학 교수인 니콜라스 로에리치Nicolas Roerich는 그의 아들 게오르게George와 함께 중앙아시아를 여행하고 노토비치와 거의 같은 주장을 하고 있다. 또한 미국인 클라렌스 가스크Clarence Gasque 여사와 스위스인 엘리지베스 가스파리Elisabeth G. Gaspari 부인도 1939년 여름 2000년 전 티베트에 온 예수 그리스도의 14세부터 28세까지의 생애에 관한 양피지 필사본을 확인했다. 이들 중 로에리치가 소개하고 있는 필사본의 내용을 소개한다.

> 티베트 산 속에서 그리스도에 대해 말하고 있는 부분을 경청하여 보자. 약 1,500년 동안의 고색창연한 기록에서 그러한 내용을 보게 될 것이다. '이사는 그의 부모를 떠나서 예루살렘의 상인과 함께 신성한 말씀에 의해 완전하게 되고자 인도에 왔다. 그리하여 그는 위대한 부처의 법을 공부하게 되었다(《불제자였던 예수》, p.61).

이러한 여러 증언들을 종합해 보면, 예수는 실재했던 인류의 위대한 스승이었으며 유대를 통일하여 신성제국을 건설하려고 했던 인물인 것으로 보인다. 그는 초인적인 능력의 소유자였던 것으로 보이며, 그 때문에 로마 당국과 당시 유대의 지배계층에게 두려움과 질시의 대상이 되었을 것이다. 또한 그 때문에 그를 제거하지 않고는 편히 있을 수도 없었을 것이다. 이것이 그가 실패한 원인이 되었던 것 같다. 이 사실을 받아들인다면, 예수 이후의 소위 정통 기독교는 예수의 의도와는 아무 관계도 없는 방향으로 흘러간 것 같다. 여하간 그의 가르침은 후세의 정치적 욕망에 사로잡힌 인간들에 의하여 비록 상당 부분 왜곡되었기는 하나, 오늘날까지 인류의 정신세계를 이끌어온 하나의 사표로 기록될 만하다.

5. 새로운 신화의 탄생*

위에서 살펴본 바와 같이 4세기 초 로마의 황제 콘스탄티누스에 의해서 기독교가 정식 국교로 선포됨으로써 문자주의 기독교 사상이 정통 지배사상으로 정착하게 된다. 문자주의자들은 이때부터 영지주의자들을 말살하기 위해서 그들을 무자비하게 탄압했다. 그래서 그 일부는 문자주의에 순응했으나 대부분의 영지주의자들은 지하로 잠복했다.

유럽 사람들은 15세기 르네상스 시대에 이르러서 고대의 이교 신화를 재발견하고 황홀경에 빠진다. 그러나 그때까지도 기독교의 세력은 너무 강성했기 때문에 영지주의 사상에 관심 그 이상은 보일 수 없었던 것으로 보인다. 곧 꺼질 수도 있는 작은 불꽃에

* 이 장 ‘새로운 신화의 탄생’은 저자가 1988년 《인문논집》 제33집에 발표한 ‘18세기 프랑스 신비주의와 제라르 드 네르발’이란 제하의 논문의 일부를 재구성하고 손질하여 실은 것임을 밝혀둔다.

불과했다.

16세기와 17세기에 이르러 합리주의 철학의 전파와 함께 반反기독교 사상이 일기 시작했다. 합리주의는 신비주의와는 거리가 먼 것처럼 보인다. 그러나 거기에 숨어 있는 확실하지 않은 것은 믿지 않는다는 정신은 기독교에 치명적인 타격을 가한 것이다. 중세기에 기독교의 온갖 부정과 타락상을 보고 알고 있었던 사람들은 기독교 개혁을 부르짖게 되었다. 이것이 종교개혁으로 이어지고, 또 이 개혁으로 인한 전쟁과 내전을 겪은 유럽은 새로운 것을 찾게 된다.

이때부터 온갖 신비주의 사상에 관심을 갖게 되고, 그래서 발견한 것이 고대의 철학과 신화이다. 사람들은 인간이 중심이 되어 있는 고대문명에서 안식을 찾게 된다. 또한 그 발화점은 합리주의 철학이지만 신비주의 사상은 점점 합리주의와 거리를 멀리할 수밖에 없었다. 신비주의 사상이 가장 큰 세력으로 번성하던 18세기는 표면상으로는 합리주의가 가장 꽃피던 시기이기도 하다.

18세기에는 그 원천도 서로 간의 한계도 분명치 않은 다양한 비교秘敎가 기세를 떨치며 유럽 전역을 휩쓸었다. 이것은 '계몽의 세기' 또는 '철학의 세기'라 일컬어지는 18세기의 이면을 이루고 있는 정신적 흐름이라 볼 수 있을 것이다. 알베르 베갱이 그의 《로망주의의 영혼과 꿈》에서 이러한 현상을 적절하게 지적하고 있다. 18세기는 "적어도 표면적으로는, 그리고 전반前半에 있어서는 놀라움도 고통도 모르는 세기이며, 따라서 진정한 의미에서의 신뢰도 없는 세기—왜냐하면 이 세기의 냉혹함이 그 말에 어울리지 않기 때문이다—, 운명에 귀가 먼 세기, 자연의 징조와 이미지에 눈이 먼 세기"였다. 따라서 신비주의적 경향은 이성만이 모든 판단의 기준으로 인정받는 무미건조한 이 18세기의 표면에 대한 내적 반동인 것이다.

사실 18세기의 철학자들은 그때까지 정신적 세계를 지배해 온 종교적 전통을 이성理性으로 대체함으로써, 그리고 이 이성이 예술사상과 사회 일반에 광범위하게 적용됨으로써 미신과 속박과 불의가 사라질 것으로 기대했다. 그러나 신비에 대한 기대와 호기심은 더욱 기세를 더했던 것이다.

18세기의 합리주의에 대한 이단적 사상, 그러나 정신세계, 특히 문학에 지대한 영향을 미치게 될 이 비교秘教들을 총체적으로 '천계론'天啓論illuminisme이라 칭하고 있다. 천계론의 흔적을 살펴 가면 '프랑 마손느리'franc-maçonnerie와 마주치게 된다. 그러나 전자와 후자는 별개의 것으로서 후자는 특히 고대의 철학·종교와 밀접해 있어 고대의 지적 유산을 18세기의 천계론에 전달해주는 중요한 역할을 한 것으로 보인다. 사실 프랑 마손느리의 고위책임자들은 천계론과 관련된 여러 교단에 다양한 형태로 지도자의 역할을 담당한 것으로 판명되고 있다.

천계론

우선 천계론이 어떤 뜻을 갖고 있는지 몇 권의 사전을 펼쳐보자.

예1. *Trésor de la langue française, Dictionnaire de la langue du XIXe et du XXe sièsicle*, Centre national de la recherche scientifique.

A. — (역사). (신에 의한) 내적 계시를 믿고 추종하는 사람들의 신비적 교리.

B. — (의학, 심리). 황홀경과 환각상태를 수반한 정신적 흥분상태.

예2. Littré, *Dictionnaire de la langue française*, Hachette / Gallimard.

● 천계론자들의 몽상적 사상. ● 특히, 18세기 말경 생 마르탱과 스베덴보리Swedenborg가 전파한 사상 전체.

프랑스에서 발간된 그 이외의 어떤 사전에서도 이 정도의 수준을 넘는 더 이상의 상세한 설명을 하고 있지 않다. 그 정도라면 근래에 발행된 불한사전佛韓辭典에서 설명하고 있는 수준을 크게 넘어서지 않는다.

예3. 《佛韓中辭典》, 韓國佛語佛文學會 編, 三和出版社, 1988.

① 【종교사】 천계론, 신비적 계시론. ② 【심리】 (초자연적 환상이 수반되는) 환각상태.

그러나 어학사전과는 달리 문학사전에서는 비교적 상세히 설명되어 있다. 직접 인용하기에는 너무 장황하므로 필요한 부분만 요약 설명하기로 한다.

예4. *Dictionnaire des Littératures de la langue française*, Bordas, 1984.

'천계론'이라는 표현은 공식적으로 1819년 '천계론자'illuminé의 파생어로 쓰이기 시작했고 야콥 보엠Jacob Boehme이나 스베덴보리와 같은 소위 천계론자로 불려지는 몇몇 신비주의자들의 교리·학설로 씌어졌다. 그리고 천계론자는 1653년부터 내적계시를 믿는 모든 신비주의자들을 지칭하기 위해 씌어졌다. 또한 '계시'는 신이 인간의 영혼에 부여한 기상천외한 빛으로서 1361년 오레슴Oresme[54]이 라틴어 'illuminatio'를 번역하기 위해 사용함으로써 시작되었다. 천계론은 역사적으로 볼 때 종교상의 여러 분파를 형성하면서 점진적으로 이단적 색채를 띠게 되었고, 그 절정기가 18세기 말이었다. 문학에 있어서는 전기 로망주의가 천계론으로부터 상당한 영향을 받았고 이 용어가 처음 쓰이던 시기에 천계론은 로망주의 성격을 바꾸어놓았을 정도로 위세를 떨쳤다.

예5. *Dictionnaire historique, thématique et téchnique des littératures*, Larousse, 1985.

이 표현은 18세기 유럽에서 구교든 신교든 간에 공식적인 기독교와는 별개로 신과 지식의 본질에 직접 접근하는 경향 전체를 지칭하는 것이다. 이러한 시도들은 강신술降神術, 플라톤주의, 야콥 보엠의 사상, 연금술鍊金術, 마법魔法, 숫자학數字學 등과 관련을 갖고 있다. 유추類推를 통하여 소우주와 대우주, 가시계可視界와 불가시계不可視界 사이를 연결하고 있는 관계를 탐구한다. 우주를 하나의 교감交感의 망으로 생각하는 것이다. 이러한 철학적 관점의 선택은 교리의 전수행위와 분파의 형성을 유발한다. 그리하여 천계론은 특히 프랑 마송느리와 동일시되기도 했다.

54 니콜 오레슴Nicole Oresme(1325-1382)은 노르망디 지방의 리지외Lisieux의 주교였던 인물이다.

위 예문들에서 설명되고 있듯이 천계론이란 표현 자체는 19세기에 들어와서 처음으로 사용되지만 그 철학적 시도는 그보다 훨씬 이전, 17세기 초 야콥 보엠과 함께 시작하고 있다. 비록 17세기가 합리주의적이고 규율의 세기라고는 하나 여러 크고 작은 비밀결사가 여기저기서 생겨나고 또 사라져가는 것을 막지 못한다. 그리하여 18세기의 신비주의 시대를 서서히 준비하고 있는 것이다.

따라서 천계론은 순수하게 기독교적인 온상에서 출발한 것이긴 하나, 시간이 흐르면서 이교적인 요소들을 가진 교리와의 점진적인 결합에 의해 때로는 반反기독교적인 양상을 띠기까지 한다. 그 절정기가 바로 18세기 후반에 해당하며 이것은 곧 프랑 마손느리와 거의 동일한 진로를 갖게 되는 시기이다.

천계론은 외관상의 형태가 너무나 다양해서 그것을 총체적으로 정의하기는 매우 어렵다. 그러나 18세기 천계론에 영향을 미친 신비주의 교파들을 추적해 보면 그 성격을 짐작해 볼 수는 있을 것이다.

야콥 보엠을 포함하여 16세기의 독일 신비주의자들, 정적주의자靜淑主義者들[55], 경건파敬虔派 교도들[56]과 카발학자들[57]을 거쳐

55 정적주의靜淑主義quiétisme는 스페인의 미겔 데 몰리노Miguel des Molinos(1628-1696)로부터 시작된 기독교의 신비적 교리의 신봉자들, 기용 부인 Mme Guyon(1648-1717)에 의해 이 교리가 프랑스에 유입되었다.

56 독일의 한 개신교파로서 야콥 보엠과 영국, 네덜란드의 신비주의 영향으로 17세기에 형성된 교파.

57 유대교에 대한 비의적秘義的 해석을 주장하는 학자들. 카발의 텍스트는

신플라톤주의[58] 신봉자들에 이르기까지 그 영향권에 속한다. 이들은 거의 모두가 초기 그노시스파, 즉 우리가 '기독교 신화'에서 언급했던 영지주의와 관련이 있는 것으로 보인다. 그렇다면 천계론은 과거에 있었던 거의 모든 신비주의 해석에 뿌리를 박고 자양분을 섭취하고 있었던 것이 분명하다. 그러므로 서로 상이한 고대의 여러 신비주의 사상에서 온 천계론에는 한마디로 표현할 수 있는 일관된 주장이 있을 수 없다. 그것은 일관된 철학 체계라기보다는 여러 경향 전체를 함축하고 있으면서 천계론자들 각자에 따라서 그 해석을 달리하고 있는 다양한 면모를 보여 주고 있다. 그러나 공통된 몇 가지 주장을 추출해 낼 수 있다.

이들 천계론자들의 신비적 해석에 의하면, 인간은 신으로부터 초자연적인 힘, 전 우주를 호령할 수 있는 권능을 전수 받았는데

■ 《광명의 서書*Sepher-Ha-Zohar*》로서 유대의 율법박사 라비 시메온Rabbi Siméon Bar Yochaï과 그의 아들 역시 라비 엘레아자르Rabbi Eléazar가 2세기경 로마의 박해를 피해 12년간 어느 동굴에 기거하면서 쓴 것으로 전해진다. 그러나 현재 전해지고 있는 텍스트의 저자는 13세기 말에서 14세기 초에 살았던 스페인의 카발 학자 모이즈 드 레옹Moïse de Léon이다. 그가 옛 텍스트를 발견했다고는 하나, 그의 저서는 《탈무드》와 고대 신비주의의 여러 저서와 구전들에서 따 온 학설을 담고 있는 것으로 전해진다.

58 2세기 말 동서 문화가 서로 만나는 알렉산드리아에서 출발한 신비주의 경향을 가진 철학. 창시자는 암모니오스 사카스Ammonios Saccas로 알려져 있는데, 5세기경까지 이 신플라톤주의는 알렉산드리아뿐만 아니라 로마, 시리아, 아테네에 이르기까지 널리 유포되었다. 이 경향은 피타고라스, 아리스토텔레스, 플라톤 등 그리스 철학자들과 동방의 신앙·사상과 관련되어 있다.

원죄로 인해 인간과 창조자 사이에 물질이 개입되어 신과 인간이 분리되었을 뿐만 아니라 인간은 신으로부터 부여받은 권능을 더 이상 발휘할 수 없게 되었다는 것이다. 그 권능을 되찾기 위해서는 고도로 심오한 비전秘傳을 전수받아야 한다. 이 비전전수자秘傳傳受者만이 신과 대화를 할 수 있고, 그리하여 인간과 물질의 분화 이전의 태초의 존재로 복귀함으로써 진정한 부활·갱생을 이룰 수 있다고 한다.

빌라르 사제abbé de Villars(1635—1673)에 의하면 물질은 네 개의 원소, 즉 불, 공기, 물 그리고 흙으로 나누어진다.[59] 아담은 가장 순수한 이들 요소로 이루어졌기 때문에 이 네 종류의 물질과 완벽한 조화를 이루고 자연의 왕으로 군림했었다. 그런데 원죄로 인하여 그는 이들 요소의 배설물 속에 빠지고 조화와 왕의 권좌를 잃게 되었다는 것이다.

또한 카글리오스트로Cagliostro는 신이 인간을 자기의 모습과 같이 창조했기 때문에 인간은 신의 가장 완벽한 걸작품이라고 주장한다. 그래서 인간은 자신의 순결성을 보존할 때 살아 있는 모든 존재와 천사에게까지 통솔권을 갖고 있었다. 그러나 원죄는 우주의 조화를 깨뜨리게 했고 인간을 물질 속에 빠뜨렸다. 이 본래의 순수성과

■

59 빌라르 사제는 이들 원소를 각각 '불의 요정'Salamandres, '공기의 요정'Sylphes, '물의 요정'Nymphes 그리고 '땅의 요정'Gnomes이란 이름을 붙여 정령화精靈化하고 있다. 이들 우주의 원소들은 고대 이집트와 그리스에서 이미 주장되었던 요소들이다.

권좌를 회복하기 위해서 비전전수가 필요하다는 것이다.

폴 노동이 그의 《프랑 마손느리》에서 지적하고 있듯이, "비전전수의 목적은 인간의 자아의 중심에서 일어나는 초월적인 빛의 투사와 깨달음, 즉 내적 계시를 통하여 한 개인을 완전한 인식에로 유도하는 데 있다."**60**

천계론에서 우주는 신과 인간이라는 두 계층으로 나누어진 하나의 통합체로 파악된다. 이 두 계층의 관계는 어떤 중개적 권능에 의해서 이루어지며 이 권능과의 접촉은 마법이나 예지능력에 의해서 가능한 것이다.

이러한 천계론의 통합의 사상은 합리주의와 정면으로 위배되는 것이다. 합리주의에서는 어떤 문제를 해결하기 위해서 그 문제를 분해할 수 있는 데까지 분해하고, 세계를 조사해야 할 여러 대상들의 집합체로 이해하며, 인간을 세계 속에서 고립된 하나의 개체로 본다. 이에 비해 천계론에서는 우주를 단순한 원소들의 병렬상태로 보지도, 인류를 각 개체가 모인 집단으로 보지도 않는다. 학문이란 서로 다른 지식의 분야를 하나하나 탐구해 가는 것도 아니고, 종교란 서로 상이한 교리체계를 내세우는 것도 아니다. 여기서 이성과 직관의 통합, 정신과 마음의 만남은 천계론을 통합종교와 같은 의미로 이해할 수 있게 해 준다.

쿠르 드 제블랭Court de Géblin(1719–1784)은 모든 것을 하나로 하

---

60 Paul Naudon, *La Franc-Maçonnerie*, coll. Que sais-je, P.U.F., p.83.

는 "영원하고 변함없는 하나의 질서"가 존재한다는 것을 강조하고 있다.

> 영원하고 변함없는 하나의 질서가 존재한다. 이 질서는 하늘과 땅, 육체와 정신, 물질적 삶과 정신적 삶, 인간 각자, 여러 사회, 여러 제국, 지나가는 세대들과 앞으로 올 세대들을 하나로 통합시켜주는 질서이다. 그래서 이들은 단 한마디 말, 단 하나의 언어, 단일 정부, 단일 종교, 단일 종교의식을 통해서 서로를 이해하게 된다.[61]

야콥 보엠은 젊은 시절부터 자신의 영혼의 구원과 신의 왕국에 들어갈 수 있는 방법을 생각해 왔다고 한다. 그는 그것을 위해 인간이 자기 자신의 존재 그 자체로 되돌아가야 한다는 것을 깨닫게 되었다. 그리하여 인간의 내부에서 신의 존재를 발견한다.

> 인간은 뭔가를 찾아 더 멀리 갈 필요가 없다. 인간은 스스로가 모든 존재들의 존재이기 때문이다.[62]

> 당신이 신과 불멸성을 알고자 한다면, 열정을 갖고 당신의 내부를 들여다보라. 그러면 당신은 자신이 신임을 알게 되리라.[63]

보엠의 신에 대한 관념은 기독교에서 출발하고 있으나 기독교적인 것도 아니고, 그렇다고 해서 반기독교적이지도 않다. 인간이

61 Court de Géblin, *Le Monde primitif, VIII*, p. XIX(Auguste Viatte, Les Sources occultes du romantisme, t.1, p.187에서 재인용).

62 J. Boehme, *Sex Puncta Theosophica* 9(Heinz R. Schmitz, *L'Expérience mystique de J. Boehme* in *Jacob Boehme ou l'obscure lumière de la connaissance mystique*, Centre de Recherche sur l'histoire des idées de l'Université de Picardie, J. Vrin, p.13에서 재인용).

63 J. Boehme, *Aurora* 22(위의 책, p.13에서 재인용).

며 곧 신인 인간의 종교를 창시한 것이다.

〔…〕기독교의 모든 것은 다음과 같은 것으로 통한다. 즉, 우리를 인식하는 법을 배우는 것.[64]

그러므로 보엠의 철학 원리는 인간 속에 모든 것이 있고, 없는 것이 없다는 것이다. 그 속에 있는 모든 것, 즉 인간의 완전성과 신적인 영원성을 찾기 위해서는 인간의 한계를 경험적으로 부정해야 한다. 바꾸어 말하면, 우리는 무無 속에 들어가야 모든 것을 발견할 수 있다는 것이다. 그리고 인간의 한계인 육체를 넘어 그 속에서 자신이 천사임을 확인하고 자기 자신 속에 머물러 있음으로서 우리는 다른 모든 것에서 자유롭고 영원히 삶을 유지할 수 있다는 것이다.

인간이 천사가 된다? 여기에는 우리 인간의 본질적인 변신이라는 형이상학적 불가능성에 봉착하게 된다. 여기에 보엠의 죽음의 원리, '살아 있는 죽음'mort vivante이 개입된다. 인간이 천사임을 확인하기 위해서는 일종의 형이상학적 죽음을 통과해야 한다. 천사의 세계로 통하는 길에서 우리의 존재는 파괴되어야 한다. 이것은 '외적인 삶'을 파괴하는 것이 아니라 육체는 살아서 죽음 속에 들어감으로써 아담으로부터 받은 육체라는 물질을 극복하는 것이다.

살아 있는 죽음이란 초자연적 은총에 의해 인간의 영혼에 깃든

64 J. Boehme, *De Regenerationne* 8(위의 책, p.13에서 재인용).

영원한 신의 존재에 이른다는 것인가? 그렇지 않다. 보엠의 '죽음'은 초월적 신과의 사랑에 의한 결합과는 전혀 다른 형태의 신비적 삶에로 우리를 인도한다. 그것은 양파의 껍질을 벗기듯이 점점 근원을 향해 껍질을 제거함으로써 우리의 영혼으로 하여금 최초의 분출 상태에서의 자기 자신의 존재를 경험하게 하는 것이다.

자크 마리탱에 의하면, '자신을 향한 시선의 신비' 또는 '거울의 신비'로 지칭되는 신비적 경험과 '신과 사랑에 의한 결합의 신비' 또는 '불의 신비'로부터 오는 경험을 구별해야 한다.[65] 전자는 인간의 형이상학적 근원이고 후자는 은총과 자비에 의해 우리의 영혼에 깃든 신의 존재를 지칭하는 것이다.

불의 신비와는 전혀 다른 범주에 속하는 거울의 신비는 전자와 마찬가지로 본래 아름답고 고귀한 것이며 본질적으로 파괴할 수 없는 영성靈性을 갖고 있다. 이 거울의 신비 속에서 영혼은 밖에서 오는 모든 사고의 대상과 모든 행위로부터 자유로워짐으로써 네거티브 하지만 적나라한, 절대적이고 완전한 형이상학적 경이, 즉 형이상학적 죽음에 이르는 것이다. 그리하여 영혼과 육체를 분리하고 그 영혼을 본래의 자신에게로 되돌려줌으로써 모든 것에서 자유로운 인간, '새로운 인간'의 도래를 실현할 수 있다는 것이다.[66]

■

65 Jacques Maritin, *Approche sans entraves*, Fayard, 1973, p.507(위의 책, p.17 참조).

66 Heinz R. Schmitz, *L'Expérience mystique de J. Boehme et son projet*

앞에서 지적했듯이, 보엠의 영향을 받은 경건파 교도들이 다른 여러 신비주의 경향들을 앞질러 나타난다. 스페너Ph. J. Spener(1635–1705)를 위시하여 프랑크A. H. Frank(1663–1727), 그리고 진젠도르프Zinzendorf(1700–1760) 등 독일 경건파 교도들은 17세기가 남겨놓은 여러 신비주의 경향들을 체계화하고 1770년경에 스베덴보리, 파스칼리, 생 마르탱과 함께 개화하는 천계론에 그 기초를 제공한다. 그들이 주장하는 개인의 자유, 내적 계시, 신비주의 교회 창설, 모든 존재의 태초의 존재에로의 궁극적인 복귀 등은 곧 천계론에 직접 연결된다. 경건주의는 종교·철학에서 끝나는 것이 아니라, 클롭슈토크Klopstock, 라바터Lavater, 헤르더Herder, 그리고 젊은 시절의 괴테Goethe에 이르기까지의 문학에 큰 영향을 미친다.

기용 부인과 함께 프랑스에 유입된 정적주의 또한 보엠의 사상과 전혀 상치되는 것이 아니었다. 삶에 있어서 극도로 불행했고 사상에 의해 심한 박해를 받았던 기용 부인은 페늘롱Fénelon을 만남으로써 위안을 얻을 수 있었다. 인간의 영혼에의 신의 존재, 신에 대한 가장 순수한 사랑의 보존, 우리의 안과 밖에서 오는 모든 세속적인 것에서의 '죽음', 예수처럼 신의 의지만을 실행하기 위해서 자기 자신의 모든 욕망을 포기할 것 등 보엠과 동일한 주장들을 기용 부인에게서 발견할 수 있다.

■

philosophique, J. Vrin, pp.9–29 참조.

이러한 주장들은 다시 한 번 스베덴보리에 의해 집대성되어 프랑스에 유입된다. 에마누엘 스베덴보리Emmanuel Swedenborg(1688-1772)는 자연과학자로 출발하여 신비주의로 전향한 천계론자로서 신예루살렘 교회를 창설한 사람이다. 그는 화려하게 장식된 자신의 저서들을 도서관에 기증하고 때때로 프랑스에 직접 나타나기도 했다. 그리하여 동 페르네티dom Pernety, 샤타니에Chatanier, 다양 드 라 투슈Daillant de la Touche가 그의 저서를 번역·출판하고 그의 교리를 받아들인다.

스베덴보리는 여러 해 계속된 그의 정신적 위기를 겪는다. 1736년부터 일종의 예수의 수난과 같은 악마의 유혹이 상징적 꿈의 형태로 나타났다. 1745년 어느 날 식사 중에 드디어 어떤 목소리가 그에게 절식하도록 경고하고 그날 밤 예수가 나타났으며, 그 이후부터 그의 환영은 체계적인 조화를 회복했다고 한다. 그리하여 자기가 새로운 신앙의 메시아임을 믿고 이 사실을 사람들에게 알리기 위해시 펜을 들었다는 것이다.

스베덴보리의 예언자적 환영과 경이를 제외하고 신의 의지의 실험이라는 면에서는 또한 정적주의의 일면이 없지 않다.

> 보상을 위해서 선을 행하는 자들은 하느님에 의한 것이 아니라 자신들에 의해서 선을 행하는 자들이다. 그래서 인간으로부터 오는 선은 모두가 전혀 선이 아니다. 그와는 반대로 자신에 대한 사랑과 거기에 숨겨진 세계에 대한 사랑에 비하면 그것은 악일뿐이다. 〔…〕(그러나) 선을 행하는 자들이 천국에 갈 것이며, 그리고 천

국에 가기 위해 선을 행해야 한다고 생각하고 그렇게 믿는 것과 보상을 목적으로 그렇게 하는 것과는 별개이다.[67]

스베덴보리의 신봉자들은 산발적으로 나타나지만, 1780년 말동 페르네티(1716—1796)가 아비뇽에서 교단을 창설함으로써 스베덴보리의 후계자가 되었고, 1796년 10월 16일 그의 죽음과 함께 이 교파는 무너진다. 마지막 신봉자였던 베르네티 보크로즈 Vernetti-Vaucroze는 생 마르탱의 프랑 마손느리에 흡수되고 만다. 그러나 19세기 로망파 작가들에게서 이 스웨덴의 신비주의 철학자는 되살아날 것이다.

18세기 프랑스는 적어도 회의주의와 합리주의를 표방하는 겉모습과는 달리 라 모트라 불리는 한 장교가 '악마와의 계약'을 맺는가하면, 섭정 필립 오를레앙 공작, 리슐리외 원수, 프로방스 백작, 샤르트르 공작 등 사회의 유명인사들까지 유사한 신비주의 의식에 참여하는 것을 보게 된다. 그리하여 프랑스의 천계론은 스베덴보리를 위시하여 마르티네스 드 파스칼리와 생 마르탱과 함께 새로운 개화기를 맞이한다.

마르티네스 드 파스칼리Martines de Pasqually(1727?—1774)에 관해서는, 특히 그의 젊은 시절에 관해서는 알려진 것이 거의 없다. 언제 어디서 출생했는지도 확실치 않다.[68] 다만 모국어가 불어가

67 Swedenborg, *Nouvelle Jérusalem*(Auguste Viatte, *Les Sources occultes du romantisme*, t.1, p.32에서 재인용).

68 《프랑 마손느리 사전》(Daniel Ligou, PUF)에서는 그의 출생연도를 1727년,

아닌 것으로 알려져 있으나, 그의 이론서인 《갱생론》은 불어로 씌어졌다. 그는 1754년에야 역사의 전면에 나타나서 몽펠리에에서 최초로 자신의 교단을 세우고 이어 보르도, 파리, 리옹에까지 교세를 넓혀 간다. 그러나 갑작스런 생 도밍그에의 여행과 그곳에서의 죽음으로 그의 후계자 빌레르모즈와 생 마르탱은 각자 스승과의 길을 달리게 된다.

파스칼리는 프랑 마손느리의 한 조직에 속하는 엘뤼 코앵69, 즉 '선택받은 승려'라는 교단을 창설하고 끊임없는 여행을 통해 자신의 교리를 전파한다. 그에 의하면, 인간은 자신의 발현發現이며 동시에 완전히 자유로운 존재이다. 그러나 이 자유는 초현실과의 접촉과 형이상학적인 신비의 이해를 통해서야 그 의미를 갖는다는 것이다. 그래서 그는 이 지상에 존재하는 서로 다른 존재들과 신비적 접촉을 갖고 마법이나 요술을 이용해서 환자를 치료하기도 한다. 그러나 생 마르탱은 스승의 외적인 방법을 거부하고 '내적인 길'을 통하여 합리성을 추구한다.

■

출생지를 그르노블, 또는 그 근처로 추정하고 있다. 그러나 《역사와 주제, 기술상의 문학사전》에서는 1710년 포르투갈에서 출생한 것으로 추정하고 있다.

69 코앵Cohen(또는 Coën)은 예루살렘의 사원이 사라질 때까지 세습적 성직자의 직무를 맡았던, 그리고 그 때부터 어떤 종교적 특권과 의무를 지게 된 아론Aaron(〈출애굽기〉, 28장 참조)의 후손을 지칭하는 말인데, 여기서 엘뤼 코앵Elus Cohen은 '선민選民', 또는 '선택받은 승려'를 의미하는 것으로 보인다.

루이 클로드 드 생 마르탱Louis-Claude de Saint-Martin(1743－1803)은 보르도 주둔군의 장교로 근무 중 파스칼리를 만나 그로부터 비전전수를 받고 '엘뤼 코앵'의 일원이 된다. 1771년 군대를 떠나 스승의 비서로서 빌레르모즈와 함께 리용에 머물기도 한다.

첫 저서인 《과오와 진리》에 의해 그는 '미지의 철학자'로 알려지기 시작했다. 그는 인간과 우주와 신에 대하여 통합적統合的·유심론적唯心論的 관념을 발전시켰다. 그에 의하면, "물질이란 믿을 수 없는 것이며 무가치한 것이고 정신이 전부이다".[70] 그러므로 인간의 육체는 움직이는 껍질에 불과하고, 그 속에 참되고 살아 있는 본질이 담겨져 있어 껍질을 수단으로 하여 자기의 존재를 표명하는 것이다. 또한 죽고 태어난다는 것은 묘판에 묘목을 옮겨 심는 것과 같다는 것이다. 그러면 신이란 무엇인가? 그에게 있어서 신과 인간의 차이란 능동적이냐 수동적이냐로 구분된다.

> 신과 우리의 차이는 생각하는 신, 말하는 신, 행하는 신이다. 그러나 우리는 생각되고 이야기되며 행해지는 신이다.[71]

원죄와 인간의 전락에 관해서는 보엠과 파스칼리의 관념을 이어받고 있다. 생 마르탱은 기존의 교회에 대해서 증오심을 감추지 않았지만, 그에게 인간의 유일한 구세주는 예수밖에 없었다. 그는

---

70 St. Martin, *Le Nouvel homme*(Auguste Viatte, *Les Sources occultes du romantisme*, t.1, p.277에서 재인용).

71 위의 책(위의 책, p.276에서 재인용).

일체의 미신을 배격하고 자신이 받았던 프랑 마손느리의 비전전수에 관해서도 비평을 가했다. 그리하여 비교적 스승에게 충실한 빌레르모즈와 결별하고 프랑 마손느리에서 탈퇴하여 보다 자유로운 입장에서 대상을 바라볼 수 있게 되었다.

장 바티스트 빌레르모즈Jean-Baptiste Villermoz(1730–1824)는 리용을 그의 신비적 마손느리의 활동거점으로 하여 합리주의 철학에 대항했다. 그러나 그는 논리적인 철학 체계를 세우는 데에는 실패했고, 만년에는 심령학과 최면술에 몰두함으로써 소수의 측근을 제외하고는 세인의 관심에서 멀어져 갔다.

프랑 마손느리Franc-Ma ç onnerie

오스왈드 비르트는 그의 저서에서 프랑 마손느리란 용어에 대해 확실한 증빙자료는 없다고 전제하면서 다음과 같이 규정하고 있다.

> 밀접한 상호의존관계에 의해 결합된 건축전문가 평신도 단체들이 그들의 독립성을 확보하기 위하여 교황에게 기독교와 관련된 모든 건축물의 건축을 위한 독점권을 간청했다고 한다. 로마 교황청은 그와 같은 종교적 시도를 격려하기 위해서 교황청의 특별 보호하의 석공石工 동업조합을 인정하고, 그 단원들은 세금과 부역을 면제받을 것이라고 선언했다. 1277년 니콜라 2세에 의해 이 면세권franchises이 부여되고, 1334년에는 브누아 12세에 의해 확인받은 것으로 알려져 있다. 이 면세권이 교황청의 보호를 받는 자들에게 프랑 마송Franc-Maçon이란 명칭을 주게 된 것으로 보인다(Oswald Wirth, *La Franc-Maçonnerie rendue intelligible à ses adeptes*, t.1, p.38).

그러나 크리스티앙 자크는 비르트의 의견과는 좀 다른 주장을 하고 있다.

> 프랑 마송은 원형 그대로의, 다시 말해서 다듬고 조각할 수 있는 돌을 다루는 조각가이다(Christian Jacq, *La Franc-Maçonnerie, histoire et initiation*, p.108).

비르트의 주장대로라면, 프랑 마송의 '프랑'franc은 '프랑슈' franche, 즉 면세란 뜻이고, '마송'maçon은 석공을 뜻한다. 이것을 우리말로 옮기면 '면세 받는 석공'이라는 뜻이 된다. 자크의 주장을 따른다면, 프랑 마송이란 '아직 손대지 않은 원형 그대로의 돌을 다루는 사람'이라는 뜻이다. 결국 프랑 마손느리란 '석공결사'石工結社란 뜻일 뿐이다. 우리말로 된 사전에서는 모두 '프리메이슨 단'으로 영어식 발음을 그대로 옮겨 적고 있으나, 우리는 이에 대한 명칭을 프랑스어식 표기의 우리말 발음으로 옮겨 적는 것으로 하겠다.

어쨌든 중세기의 석공들은 유럽의 어느 지역에서나 환영받았고 면세의 혜택을 받았을 뿐만 아니라 여행의 자유를 누릴 수 있었던 사람들이었다. 신앙에 심혈을 기울이고 있었던 시절에 그들은 가는 곳마다 특이한 형식의 건축물을 남겨 놓았다. 그것이 바로 고딕식의 웅대하고 아름다운 교회 건축물들이었으니 적어도 중세기에는 로마 교황청의 비호를 받을 만도 하였으리라. 이들의 정체는 무엇일까? 단순히 교황청의 특혜를 받은 건축가들의 모임일 뿐인가? 전혀 그렇지 않다. 그 모임 안에서 신비주의 정수가 태어나고 자라서 후에 천계론에 이론적 바탕을 제공한 것이다.

근대의 프랑 마손느리는 1717년 런던의 대로지loge와 함께 태어났다. 그리고 1723년에 옛 헌장을 체계화하여 〈앤더슨 정관〉을 발표했다. 그리하여 프랑 마손느리는 명실공히 하나의 조직으로 그 체제를 혁신하게 된다. 이 조직에 직업적인 석공 이외의 지식인들이 참여함으로써 '근대의 또는 사변적 프랑 마손느리'라 부르고, 1717년 이전의 것을 순수한 직업적 석공들로 이루어졌다 하여 '직업적 또는 직업 활동에 참여하는 프랑 마손느리'라 지칭하여 각자를 구별하고 있다. 프랑 마손느리의 근원은 여러 전설과 관련을 갖고 있다. 그 몇 가지를 여기 소개하면 다음과 같다.

315년경 파숌Pachôme이란 한 이집트 수도승이 하나의 수도사 공동체를 구성했는데, 이수도원에서 신을 흠모하는 사람들끼리 정신의 수양을 위해 함께 살아가는 법을 배웠다고 한다. 파숌의 수도원에 모인 일천 내지 이천 명의 수도승들 중에는 석공과 목수들도 있었기 때문에, 그 수도원 안에 특별히 마련된 별채가 그들에게 주어졌다. 그들은 처음엔 수도원 내의 건축에 동원되었고, 후에는 외부에 초대되어 수도원 이외의 교회 건축에 참여하게 된다. 이처럼 최초의 수도원들은 그들의 품에 건축가들을 받아들이고 엄격한 생활규범을 부과했다. 4세기 성 바질St. Basile에 의해 규정된 규범은 입문을 위해 비전전수를 받는 고대의 비밀결사의 정신과 정확히 일치하고 있다.

절대적 고립은 신의 의지에 위배된다는 것이다. 그래서 신을 믿는 모든 사람들은 신을 지도자로 하는 하나의 큰 집단을 이루어야 한다. 신의 의지와 조화를 이루고 공동체로 살아가며, 동료들은 각자의 잘못을 서로 교정해 주어야 한다. 공동체의 규범은 무엇보다 인간애로서 이것은 각자 다른 사람에게 가르침을 주고, 다른 사람으로부터 가르침을 받도록 해주는 것이다. 이것이 성 바질이 규정한 규범이다. 이러한 관점은 건축가들을 즐겁게 했고, 나아가 그들은 유럽과 관계를 맺었으며, 드디어 성 마르탱St. Martin이 이에 영향을 받아 372년 프랑스의 루아르 강변에 마르무티에Marmoutier 수도원을 창건하게 되었다고 한다.

한편, 〈옛 훈령〉에 실려 있고 후에 〈앤더슨 정관〉 제1부에 다시 기록된 전설로서 신비적으로 해석된 건축가의 역사에 관련된 전설이 있다. 이 전설에 의하면, 신이 우주를 창조하였으므로 최초의 프랑 마송은 신이며, 신은 또한 아담과 그 후예 아브라함, 니므롯72, 두발 가인, 유클리드, 피타고라스, 영국의 여러 왕들, 샤를르 마르텔Charles Martel, 생 폴 드 롱드르Saint-Paul de Londres에 이르기까지 그 기술을 전해 주었다는 것이다. 이것은 역사적 사실과는 관련이 없고 프랑 마송들이 갖고 있는 직업적 기술이 오래되었다는 점과 그들의 권위를 옹호하기 위해 이렇게 주장한 것으로 생각된다.

또한 〈레기우스 필사본〉에 기록된 프랑 마손느리의 전설이 있

72 "구스가 또 니르롯을 낳았으니 그는 세상에 처음 영걸이라. 그가 여호와 앞에서 특이한 사냥군이 되었음으로 속담에 이르기를 아무는 여호와 앞에 니므롯 같은 특이한 사냥군이로다 하더라"(〈창세기〉 10 : 8—10).

다. 이 전설은 《성서》와 관련된 두 사람의 성 요한과 '네 명의 순교자'의 전설을 주제로 한 것이다. 다시 말해서, 네 명의 순교자와 함께 죽은 석공들을 프랑 마손느리의 수호신으로 간주한다는 것이다. 폴 노동은 그의 《프랑 마손느리》에서 그 사실을 다음과 같이 소개하고 있다.

> 디오클레티아누스 황제 치하, 5명의 석공들이 이교의 신상神像 제작을 거부한다. 그들은 죽음을 당했다. 아에스쿨라피우스 신[73]의 제단에 분향하기를 거부한 4명의 병사들 역시 사형에 처해졌다. 같은 날 처형된 이 9명의 순교자들은 같은 묘지에 매장되었다. 서기 310년 교황 밀티아드Melchiade[74]는 죽은 네 병사에게 '네 명의 순교자'Quatuor Coronati라는 칭호를 부여한다. 얼마 후, 사람들은 네 명의 병사들과 그들의 묘지 동료인 석공들을 혼동했다. 그래서 그 석공들은 건축의 직업에 대한 보호자가 되었다(P. Naudon, *La Franc-Maçonnerie*, Que sais-je?, p.8).

1717년 이후에 덧붙여진 전설도 있다. 솔로몬의 대 시원을 건실한 히람Hiram에 관한 전설과 십자군의 템플기사단에 관련된 전설이 그것이다.

제라르 드 네르발의 《동방여행기》 속에 하나의 삽화로 등장하는 〈시바의 여왕과 정령들의 왕자 솔로몬 이야기〉에서 주인공 아

73 아에스쿨라피우스Aesculapius는 로마의 의술醫術의 신으로서, 그리스의 아스클레피오스Asclépios에 해당한다.

74 'Melchiade'라는 표기는 밀티아드Miltiade의 오기라고 한다. 밀티아드는 311-314년에 로마 교황이었다.

도니람은 솔로몬의 대 사원 건축을 총괄한 인물로 등장한다. 그러나 《성서》에 등장하는 히람 또는 아도니람이라는 인물은 별개의 인물로 그려지고 있다.

《성서》의 〈열왕기 상〉에서 아도니람Adoniram은 단순한 '검역관'(제4장) 또는 '감독'(제5장)일 뿐이다. 히람Hiram은 두 인물이 존재하는데, 한 인물은 두로국Tyr의 왕으로서 솔로몬의 사원 건축에 필요한 목재, 레바논의 삼나무와 건축기술자를 보내어 적극적으로 협력한 인물(제5장)이다. 그리고 두 번째 인물은 두로의 왕이 보낸 히람 아비Hiram Abi란 인물로서, 불어판 《구약성서》의 각주에 의하면, 그 이름 자체가 '히람은 나의 아버지'라는 뜻을 갖고 있다고 한다. 그러나 《프랑 마손느리 사전》에 의하면, 히브리어에서 아돈Adon은 '나리'Seigneur란 뜻이므로 아도니람은 '히람 나리'라는 뜻이다. 따라서 동일 인물을 혼동하여 히람 아비와 아도니람을 마치 별개의 인물로 묘사하고 있는 것 같다. 히람 아비에 관해서 〈열왕기 상〉 제7장은 다음과 같이 설명하고 있다.

> 솔로몬 왕이 보내어 히람을 두로에서 데려오니, 저는 납달리Naphtali 지파 과부의 아들이요. 그 아비는 두로 사람이니 놋점장이〔장인匠人—인용자〕라. 이 히람은 모든 놋 일에 지혜와 총명과 재능이 구비한 자더니 솔로몬 왕에게 와서 그 모든 공작을 하니라.

여기서 히람, 즉 '과부의 아들'은 프랑 마손느리와 은밀하게 연결되어 있다. 이 과부의 아들은 히람 아비에서 그치는 것이 아니다. 제라르 드 네르발의 〈시바의 여왕과 정령들의 왕자 솔로몬 이야기〉에서 주인공 아도니람은 시바의 여왕에게 한 아이를 잉태시킨 후 살해된다. 그러므로 이 여왕의 아들 또한 과부의 아들이다. 더욱이 시바의 여왕이 숭배하는 이집트의 여신 이시스 또한 과부이고, 아들 호루스 역시 과부의 아들이다. 이 이집트의 신들은 그리스와 로마에까지 숭배되었고, 그리고 18세기 이후 프랑 마손느리에 의해 부활된 것이다. 비르트가 그의 《프랑 마손느리》(제3권)에서 밝히고 있는 바와 같이, 명인의 수련과정에서 거쳐야 하는 교리문답에서 과부 이시스가 마송들의 어머니임을 분명히 하고 있다.

질문 — 마송들이 그녀의 아들이라고 자처하는 과부는 누구인가요?
답변 — 그분은 이시스, 자연의 화신, 우주의 어머니, 지혜를 밝혀 주는 보이지 않는 신 오시리스의 과부입니다.

한편 템플기사단Templiers에 관한 전설을 살펴본다면, 1118년 생 베르나르Saint Bernard, 위그 드 펭Hugues de Payns, 고드프루아 드 생 다무르Godefroi de Saint-Amour 등 아홉 명의 기사들이 십자군의 점령지 예루살렘에서 성지 순례자들을 보호하기 위해서 템플기사단을 조직했다. 전설에 의하면, 이들은 예루살렘 사원의 폐허 아래에서 하나의 상자를 발견했는데, 그 상자 속에는 한 필사본이 들어 있었고, 그 필사본에는 연금술적 대 역사를 실현하기 위해 솔로몬에 의해 사용된 방법이 기술되어 있었다고 한다. 즉, 당시 사원의 건축을 총괄했던 히람의 건축술을 알 수 있는 문서였다는 것이다.

어쨌든 이들 템플 기사들은 그곳 동방에 이미 존재하고 있었던 건축과 관련된 여러 단체와 밀접한 관계를 유지하면서 이 단체들을 모델로 하여 예루살렘 왕국의 기독교도들로 하여금 건축가 공동체를 구성하게 했고, 이 공동체는 곧 유럽에 전파되었다. 기사단이 조직된 지 얼마 후부터 도처에서 대단한 건축 활동이 있었다. 기사단의 보호 아래 있었던 마송(석공)들이 이 건축 활동에 참여했고 각 기사령騎士領에는 건축의 명인이 한 명씩 있어서 이들이 그 사원에 소속된 모든 노동자들을 통괄했다. 예를 들면, 푸크 뒤 탕플Fouques du Temple은 1268년에 활동했던 템플 기사이며 프랑 마송이고, 또한 예루살렘 왕 직속의 명인 목수였다.

당시 프랑스의 왕인 필립 르 벨Philippe le Bel은 궁핍한 정부의 재정적 만회를 위해, 그리고 정치적인 영향력을 위해 템플기사단원이 되고자 했으나 그 희망은 거부되었다. 1307년에서 1314년 사이에 일어난 템플기사단에 대한 일련의 박해는 필립 르 벨에 의한 정치적인 술수로 보인다. 1312년 비엔나 종교회의에서 교황 클레멘트 5세에 의해 기사단이 해체되었으며 1314년 3월 19일 대명인 자크 드 몰레Jacques de Molay가 화형에 처해졌다. 이단, 우상숭배, 음란행위 등이 이들에 대한 불법단체로 단죄하는 이유였다.

그런데 어찌하여 템플기사단의 역사적 드라마와 프랑 마손느리의 전설이 동일시되었는가? 근대 마손느리가 시작된 영국에서 '직업 마손느리'에 관한 전설이나 '앤더슨 정관'의 마손느리 역사에 관한 장章에서도 템플기사단에 관련된 이야기는 전혀 없다. 그러나 전설이 만들어진 것은 기사계급에서 말하는 "아카시아 나무 아래의 공작들"이라고 한다. 앵글로색슨의 직업 마손느리의 상징을 잘못 이해한 데서 오는 착오에서 출발한 것이다. 템플기사단과 프랑 마손느리의 선조를 동일시하고 있는 최초의 기록은 1760년에 씌어진 스트라스부르에서 발견된 한 필사본인데, 이 기록은 자크 드 몰레로부터 근대 마손느리에 이르기까지의 교단의 비밀 전수를 밝히고 있다. 이 기록은 또한 독일의 장미십자회[75]의 영향이며 마손느리에 신비적인 성격을 부여하면서 새로운 해석을 가하기 위한 것으로 평가하고 있다.

그러나 템플기사단과 프랑 마송들은 중세기에 밀접한 관계를 유지했다는 사실을 앞에서도 밝힌 바 있다. 크리스티앙 자크가 제시한 몇몇 주장들을 살펴보자.

---

75 장미십자회Rose-Croix는 익명으로 씌어진 세 권의 텍스트에 근거를 두고 있다 그 텍스트는 다음과 같다. 1614년에 출판된 《매우 칭찬할 만한 장미십자회의 우정에 관한 풍문*Echos de la fraternité du très louable ordre de la Rose-Croix*》, 1615년의 《유럽 학자들에게 보내는 매우 영광스러운 장미십자회의 특별 신도회의 고백*Confession de l'insigne confrerie du très honoré Rose-Croix à l'adresse des hommes de science de l'Europe*》, 1616년의 《1549년 크리스티앵 로즈 크루아의 화학적 결혼식*Noces chimiques de Christien Rose-Croix en l'année 1549*》이다. 이 텍스트들은 일반적으로 독일 슈바벤 지방의 승려이고 신학자인 안드레아Jean Valentin Andreae (1587—1654)의 작품으로 인정되고 있다. 그러나 그는 1616년부터 장미십자회란 거짓장난에 불과하다고 밝힌다. 하지만 유럽 전체를 맴돌았던 입회를 권유하는 편지, 1662년 파리에 나붙었던 벽보, 입회를 위한 수련, 정기적 모임 등은 이 회의 존재 가능성과 프랑스의 시옹 수도회와의 연계 등을 단정적으로 부인할 수 없게 한다.

템플기사단의 해체 이후, 그 단원의 상당수가 학살을 피하여 특히 스코틀랜드의 헤레덤Heredom 근처로 피신했을 것으로 보고 있다. 그들은 그곳 프랑 마손느리에 받아들여졌다. 오늘날 '개정된 스코틀랜드의 제례회'는 템플 기사들이 1340년 헤레덤에 창설한 조직이라 자처하고 있다.

또 다른 주장에 의하면, 스코틀랜드의 왕 브루스Bruce가 죽음을 피해온 기사들을 자기의 궁정에 받아들이고, 1313년경 그들을 위해 '차든 기사회'를 창설했다고 한다.[76] 독일의 마송인 카를 훈트Karl Hund(1722-1776)는 그의 저서 《엄격한 수도회의 규정》에서 템플 기사와 프랑 마송과의 관계를 다음과 같이 말하고 있다.

> 대참사가 있은 후, 오베르뉴 지방의 대명인 피에르 도몽Pierre d'Aumont은 2명의 기사령 기사와 5명의 기사들과 함께 그곳을 탈출했다. 그들은 발각을 피하기 위해 노동자 석공으로 변장하고 스코틀랜드의 한 섬으로 피신했다. 그곳에서 대기사령 기사 조지 드 해리스와 다른 여러 명의 동료형제들을 만나서 그들과 함께 기사수도회를 계속하기로 결의했다. 1313년 성 요한 축제일에 열린 총회에서 명성이 높은 피에르 도몽이 대 명인으로 임명되었다. 그들은 박해를 피하기 위해서 마손느리에서 사용되는 기술技術과 관련된 상징들을 차용하고, 스스로를 자유 마송Maçon libre이라 칭했다.[77]

위에서 제시한 몇 가지 사실로 보아 템플 기사들이 프랑 마손느

---

76 《프랑 마손느리 사전》에 의하면, '차든 기사회'는 브루스가 아니라 자크Jacques 5세에 의해서 1534년 또는 1540년에 창설된 것이라고 한다.

77 Ch. Jacq, *La Franc-Maçonnerie*, pp.117-118에서 재인용.

리의의 원조는 아니지만 적어도 기사단의 해체 이후 박해를 피하여 이 비밀결사에 대거 참여한 것은 사실인 것 같다. 이 두 교단은 몇 가지 점에서 동일한 철학적 목적을 갖고 있었기 때문에 서로 결합하기란 그리 어려운 일이 아니었을 것이다. 즉, 그들은 기독교적 뿌리를 갖고 있지만 기존의 기독교에 반감을 갖고 있었고, 함께 교황청의 박해 대상이었기 때문이다. 또한 그들은 동방의 신비주의 사상에 몰두한 사람들이다. 템플 기사들은 동방의 문물과, 특히 고대문명의 지식들을 흡수한 학자 수도승들이었고 마송들 또한 고대문명에 그들의 뿌리를 두고 있었다.

중세의 프랑 마손느리에 의하면, 우주는 교회를 건설하는 데 필요 불가결한 모든 재료가 있는 거대한 일터이며 이 재료를 이용해서 인간이 아니라 신에게 바칠 가장 훌륭한 작품을 만들어 내는 것은 마송들이 할 일이라는 것이다. 따라서 마송에게는 이 세계에서 실현해야 할 세 가지 과업이 있다. 이전에 존재하지 않았던 것을 존재하게 함으로써 신의 과업을 신장시키는 것이 첫 번째 일이다. 예를 들면, 무에서 하나의 교회를 창건하는 것이다. 둘째, 숨겨진 것을 인간에게 밝힘으로써 자연의 과업을 신장시키는 일이다. 예를 들면, 자연의 신비 속에서 경험된 비전전수의 개념을 상징으로 해석하는 것이다. 셋째, 명인의 법에 따라 창조하는 일, 다시 말해서, 분리된 것을 결합시키고 잘못 결합된 것을 분리시키는 일이다. 명인이란 프랑 마손느리의 교육을 받고 이 세 과업을 완수할 수 있는 경지에 이른 사람을 말한다. 그러나 그 경지에 이르기란 쉬운 일이 아니다.

프랑 마송의 한 사람인 람세Ramsay(1686–1743)는 1737년에 행한 한 담화에서 다음과 같이 선언한다.

> 그렇습니다, 여러분. 그 유명한 축제들, 즉 엘레우시스의 케레스, 이집트의 이시스, 아테네의 미네르바, 페니키아의 우라니아를 위한 축제들은 우리의 것과 관계를 갖고 있었습니다. 사람들은 거기서 노아와 족장들이 믿었던 옛 종교의 여러 흔적들이 있는 비의들mystères을 기념했던 것입니다.[78]

크리스티앙 자크가 증언하고 있듯이, 람세의 주장은 신빙성이 매우 높게 보인다. 아테네의 서북쪽에 위치한 엘레우시스란 도시는 그리스 문명의 신비적 종교의식이 행해지던 그리스 밀교의 중심지였다. 이 도시는 오랫동안 기독교에 저항했으나 신생하는 기독교의 힘에 밀려 5세기에 이르러서야 이곳의 교단들이 해체되고 비전전수자들은 유럽 여러 나라, 특히 이탈리아, 스페인, 프랑스 등지로 흩어졌다. 그들은 어쩔 수 없이 기독교도란 탈을 썼지만 비의적秘義的인 옛 가르침을 고이 간직하여 건축가협회에 이것을 전해 주었다고 한다.

엘레우시스의 비전전수자들은, 이집트 이시스 밀교의 비전전수자들과 같이, 자신들의 목숨을 걸고 전수받은 신비의 비밀을 폭로하지 않을 것을 맹세한다. 이러한 고의적인 침묵에도 불구하

78 위의 책, p.31에서 재인용.

고 우리는 그들이 행한 제식의 일부분이 프랑 마손느리에 전해져서 오늘날까지 내려온다는 것을 알 수 있다. 프랑 마손느리에서 견습공apprenti, 장색compagnon, 그리고 명인maître의 등급은 엘레우시스의 그것과 정확히 일치하지는 않지만 적어도 그 영향을 받은 것으로 지적되고 있다.[79] 비전전수를 받고자하는 사람에게는 도덕적으로 하자가 없을 것, 자신의 재산과 물욕을 버릴 것, 그리고 가르침을 받은 비밀을 발설하지 않을 것 등, 세 가지 사항이 엄격히 요구된다.

비전전수의 의식에는 불, 공기, 물, 흙의 네 요소에 의한 정화과정이 있다. 프랑 마손느리에서 초심자는 '명상의 방'에서 자기 자신에로, 즉 지옥에로 하강한다. 이것은 흙에 의한, 다시 말해서 모체인 지구에 의한 수련과정에 해당된다. 이 경우 정신은 외부와 완전히 차단되고 오직 삼라만상의 내적 본질에 이를 수 있도록 깊은 명상에 잠겨야만 한다. 엘레우시스에서는 공기에 의한 정화는 음악을 통해 수행된다. 소리가 모든 불순물로부터 영혼을 해방시킨다는 것이다. 마송들은 '공기의 여행' 과정에서 발로 땅을 힘껏 밟거나 검을 두드리며 될 수 있는 대로 큰 소리를 내어 정염의 소용돌이를 가라앉히는 것이다. 이 '여행'에서 마송은 눈이 가리어져서 서쪽에서 북쪽을 거쳐 동쪽에 이르며, 그리고 남쪽을 지나 다시

79 엘레우시스의 수련과정은 '작은 신비'에서 '큰 신비'에 이르기까지 몇 가지 단계로 구분되어 있었지만 각 단계의 정확한 내용은 알려져 있지 않다.

서쪽으로 돌아오는 거칠고 험난한 길을 걷는다. '두 번째 여행'에서 초심자의 머리에 물을 부어 주는 물에 의한 정화를 받는다. 이것은 모든 불순물을 씻어 내는 일종의 철학적 세례이다. '세 번째 여행'에서 '지옥의 여왕', 즉 사물 그 자체 속에 숨어 있는 진리를 관조하기 위해 수련자는 불타고 있는 삼중의 경계를 통과해야 한다. 그는 평온과 침착성을 잃지 않아야 불꽃, 즉 열정을 제압할 수 있는 것이다. 그리하여 올바른 판단이 가능하게 되고 '플루톤의 궁전'으로 상징되는 '난해한 인식'의 불의 중심에 도달할 수 있게 된다는 것이다.

이러한 과정은 프랑 마손느리에서 견습공이 받는 수련과정의 핵심이 되는 부분이다. 엘레우시스 밀교에서처럼 마손느리에서 이와 같은 비전전수의 과정은 정화에 의한 자아의 철학적 죽음과 우주의 신비에 눈을 뜨는 새로운 자아의 탄생을 의미한다.

견습공이 받는 정화과정은 그로 하여금 빛을, 즉 진리를 꿰뚫어 보는 힘을 제공하는 데 있는 것이다. 그러나 단순히 진리를 보는 눈만 가졌다고 해서 끝나는 일이 아니다. 이성의 빛을 통하여 진리를 내 것으로 하고 진리와 일체가 되어야 한다. 장색이 받는 상징체계는 진정한 비전전수자에 합당한 계시에 해당된다. 진리의 빛을 포식한 개명된 인간은 이번에는 그 '빛의 중심'이 된다. 그는 스스로 빛을 발하고 다른 사람을 밝혀 주며, 그리하여 명인의 지위를 얻게 된다.

비르트의 《프랑 마손느리》에 의하면, 로지의 의식에 참여하는 마송에게 던져지는 질문에 견습공은 다음과 같이 답변해야 한다.

질문 — 나의 형제여, 당신은 어디서 오시나요?

답변 — 성 요한 로지[80]로부터 오는 길입니다, 지부장님.

질문 — 성 요한 로지에서 사람들은 무엇을 하나요?

답변 — 그곳에서는 미덕을 위해 사원을 세우고, 악덕을 위해 지하 감옥을 파지요.

질문 — 당신은 그곳에서 무얼 갖고 오셨나요?

답변 — 모든 형제들에게 안녕salut과 행운prospérité과 환영bon accueil을 갖고 왔습니다.

질문 — 당신은 이곳에 오셔서 무엇을 하려고 하시나요?

답변 — 저의 정념을 다스리고, 의욕을 누르고 의무에 복종하며, 마손느리에서 새로운 발전을 이루도록 할 것입니다.

지부장 — 형제여, 자리에 앉으시오. 우리 지부는 당신의 깨달음을 위해 시험에 응해주신 데 대해 감사하는 마음으로 받아드리며, 이 지부의 품으로 오신 것을 환영합니다.

이 로지의 장長vénérable과의 질문과 답변에서 견습공은 '어디로부터 오는가'를, 장색은 '우리는 무엇인가'를, 명인은 '우리는 어디

80 비르트에 의하면, 이 답변은 마손느리의 역사와 관련된 것이라 한다. 중세기에 고딕식 건축의 걸작품들을 남긴 건축가협회가 갖고 있던 명칭 '성 요한 동우회'Confraternité de Saint-Jean에서 기인한다는 것이다. 그 외에도 성 요한과 라틴의 신 야누스Janus를 동일시하는 경향이 있다. 이중의 얼굴을 가진 이 신은 과거와 미래를 동일시하는 '불변의 원리'를 상징한다. 그의 모습은 마송으로 하여금 앞과 뒤를 살펴보게 한다. 왜냐하면 인류에게 진보의 길을 마련하기 위해 역사의 교훈을 잊어서는 안 되기 때문이다(Wirth, *La Franc-Maçonnerie*, p.25 참조).

로 가는가'를 질문 받는다. 이 세 질문은 프랑 마손느리에서 과거와 현재와 미래를 향해 풀어야 할 영원한 철학적 질문이다.

맺음말

모든 종류의 신화는 그 시대와 환경과 무관하게 태어난 경우는 거의 없다고 말할 수 있을 것이다. 이집트와 동방에서 꽃핀 젊은 인류의 문명과 신화, 즉 고대종교는 주위 환경과 조화를 이루면서 유대민족과 그리스로, 그리고 로마로 이어져 드디어 북부 유럽으로 옮아갔던 것으로 보인다. 그러나 동방에서 출발한 고요한 명상의 문명은 로마에서 폭력적인 형태로 변모하고 말았다! 기독교 '문자주의자들'은 다른 종교와 함께하며 공동의 선을 추구할 것을 거부하고, 오직 그들만의 정치적 승리를 위하여 폭력적인 수단을 사용했던 것이다. 그들은 인간에 대한 폭력뿐만 아니라 인류 문명의 유산에 대한 폭력도 서슴지 않았다. 그것은 또한 중세기 인간성이 말살된 암흑의 세계를 예고하는 것이었다.

'영지주의'를 포함하여 동방에서 비롯한 신비주의 밀교와 문자주의 기독교 사이에 있었던 갈등은 그 이후 오랜 기간 동안 근동과 서구의 불안 요인으로 작용했다. 그리고 그것은 지금도 계속되고 있는지도 모른다. 《예수는 결혼했었나》의 저자들의 주장을 믿는다면, 그러한 갈등에는 메로빙거 가의 정치적 욕구도 한몫을 한 것으로 보인다.

문자주의 기독교가 서구사회의 모든 것을 지배한 중세기를 지나 르네상스가 왔을 때, 사람들은 인간 중심의 고대문명을 다시 발견하고 고대로 다시 돌아가려는 변화를 시도했다. 그러나 그 시기, 고대문명과 중세 기독교 문명이 화합을 이룰 수도 있었던 시기에 또 다른 충돌사태가 일어난다. 종교개혁 운동과 이 운동의 부산물인 종교전쟁이 바로 그것이다. 종교개혁과 종교전쟁은 다른 종교를 인정하지 않은 기독교 내부에서의 갈등, 서구사회 내부에서의 갈등이었다. 그것은 특히 프랑스에서 가장 격렬하게 분출된다. 30년간의 종교전쟁이 그 본보기일 것이다.

그 사이 서구사회의 지하에 유폐되어 있던 영지주의 유파들이 서서히 그 모습을 드러내기 시작한다. 그것은 종교적 신비주의로 발전하여 17세기를 지나 18세기에 가장 활발하게 활동했고, 그러한 신비주의적 사상은 19세기 로망주의 시인들에 의해 새로운 신화의 창조로 이어질 것이다. 이들 시인들 중에서 천재적 신화 창조자라 할 수 있는 빅토르 위고의 신과 원죄에 대한 개념은 18세기 천계론자들의 주장에서 그 영향을 받은 것으로 보인다.

빅토르 위고는 《사탄의 종말*La Fin de Satan*》과 《신*Dieu*》에서 천계론자들의 주장과 흡사한 주장을 한다. 그는 이들 작품에서 천지창조의 사실을 통해서 완전한 창조주와 그렇지 못한 피조물을 구분하고, 피조물에는 얼마간의 불완전한 요소로서의 물질이 섞일 수밖에 없다고 주장했다. 그러므로 물질은 그 물질의 법칙을 따라야 하고, 무게를 더하면서 더욱 악화되어 간다. 그래서 "원죄는 최초의 무게였다"는 것이다. 원죄는 불복종에 대한 책임문제가 아니라 우주의 구성 그 자체의 결과로 보는 것이다. 그러나 그 법칙은 무게를 가진 물질은 신으로부터 멀어지게 되고 재구성의 의무를 따르게 된다. 창조주로부터 나온 피조물은 재구성의 과정을 거쳐서 다시 창조주에게로 통합된다는 것이다. 따라서 악은 창조주에게로 통합되기 위한 우주적 진행의 필연적인 순간이라는 것이다. 그렇다면, 우리는 윤회를 통해서 신에게로 재통합되는 과정에 있는 것이라고 볼 수 있을 것이다.

위고는 "그는 존재한다! 그는 존재한다! 그는 존재한다! 그는 철저하게 존재한다!"고 신의 존재를 철저하게 믿었던 사람이다. 그럼에도 그는 '전통적' 기독교 사상과는 상당한 차이를 보여주고 있다. '빅뱅'에 의한 우주의 탄생과 오늘날까지의 지구와 인류와 기타 생명체의 삶에 개입한 존재가 누구인지, 또는 무엇인지를 생각해 본다면, 우리는 그것이 모두 '우연'일 뿐이라고 치부할 수도 없을 것 같다.

어쨌든 우리가 검토해본 신화와 그 변천 과정을 고려한다면, 우리 인간은 시공을 초월하여 신을 찾으며 다양한 형태로 신에게 의지하려 했다. 이러한 인간의 약점은 신을 빌미로 민중을 위협하여 정치적 위상을 확보하고 강자로서 군림하려는 개인 또는 집단에게 좋은 구실을 제공한 셈이다. 그러나 신은 우리 인간을 일일이 간섭하는 존재가 아니라, 우주의 모든 존재에 편재하면서 우주의 운행을 관장하는 질서이며 법칙이고, 우리가 되돌아 가야할 최후의 종착지라고 생각한 천계론자들과 빅토르 위고의 의견에 상당한 의미를 부여할 수 있을 것으로 본다.

참고문헌

▌한글판

김병옥·김영일·김진국·최정무 엮음. 《문학과 신화》. 문예과학총서3. 예림, 1998.

김우진·조병준. 《그리스-로마 신화의 이면과 저면》. 만남, 2002.

드니 랭동. 《소설로 읽는 그리스 로마 신화》. 윤정임 옮김. 솔, 1997.

멜리사 리틀필드 애플게이트. 《벽화로 보는 이집트신화》. 최용훈 옮김, 정규영 감수. 해바라기, 2002.

미첼 베이전트, 리처드 레이, 헨리 링컨. 《예수는 결혼했었나》, 洪成杓 옮김. 문학예술사, 1982 〔2005년 《성혈과 성배》(이정임 외 옮김, 자음과 모음)으로 재번역〕.

아리안 에슨. 《신화와 예술》. 류재화 옮김. 청년사, 2002.

안진태. 《신화학 강의》. 열린책들, 2001.

엘리자베스 클레어. 《불제자였던 예수》. 김용환 옮김. 나무, 1987.

오비디우스. 《변신 이야기》 1·2. 이윤기 옮김. 민음사, 2004.

요시다 아츠히코. 《우리가 알아야할 세계 신화 101》. 김수진 옮김. 아세아미디어, 2002.

조지 하트. 《이집트 신화》. 이응균·천경호 옮김. 범우사, 2002 〔George Hart, *Mythes égyptiens*(Seuil, 1993)의 번역본임〕.

최은미 엮음. 《이집트 신화》. 그린 북스123. 청목, 1999.

클로드 레비 스트로스. 《신화와 의미》. 임옥희 옮김. 이끌리오, 2000.

______. 《야생의 사고》. 안정남 옮김. 한길사, 2001.

티모시 프리크·피터 갠디. 《예수는 神話다》. 승영조 옮김. 동아일보사, 2002.

피에르 그리말. 《그리스 로마 신화사전》. 최애리 책임번역 . 열린책들, 2003 〔Pierre Grimal, *Dictionnaire de la mythologie grecque et romaine*(P.U.F., 1951)의 번역본임〕.

프레이저. 《黃金 가지》 I·II. 張秉吉 옮김. 삼성출판사, 1982.

______. 《문명과 야만》 I·II·III. 이양구 옮김. 강천, 1996.

▌프랑스어판

Albouy(Pierre). *Mythes et mythologies dans la littérature française*. Armand Colin, 1998.

Aubaude(Camille). *Nerval et le mythe d'Isis*. Kimé, 1997.

Beaumarchais(J.-P. de), D. Couty, et A. Rey. *Dictionnaire des Littératures de la langue française*. 3 vols. Bordas, 1984.

Béguin(Albert). *L'Ame romantique et le rêve*. José Corti, 1974.

Brunel(Pierre). *Dictionnaire des mythes littéraires*. Edition du Rocher, 1988.

Centre de Recherche sur l'histoire des idées de l'Université de Picardie. *Jacob Boehme ou l'obscure lumièrre de la connaissance mystique.* J. Vrin, 1979.

Commelin. *Mythologie grecque et romaine.* Garnier, 1960.

Demougin(Jacques). *Dictionnaire historique, thématique et technique des Littératures, Littératures françaises et étrangères, anciennes et modernes.* 2 vols. Larousse, 1986.

Evrard(Franck). *Mythes et mythologies de la Grèce.* Les Essentiels Milan, 2002.

Gayot(Gérard). *La Franc-Maçonnerie française : Textes et pratiques(XVIIIe-XIXe siècle).* Coll. Archives. Gallimard-Julliard, 1980.

Graves(Robert). *Les Mythes grecs.* Fayard, 1967.

Grimal(Pierre). *Dictionnaire de la mythologie grecque et romaine.* P.U.F., 1951.

Hart(George). *Mythes égyptiens.* Coll. Point. Seuil, 1993.

Huet-Brichard(Marie-Catherine). *Littérature et mythe.* Hachette, 2001.

Jacq(Christian). *La Franc-Maçonnerie, histoire et initiation.* Coll. Dossiers des l'étrange. Garancière, 1984.

Jacques-Petit. *Littérales, Mythe et littérature.* Centre de Recherches, Université de Besançon, 1997.

Juden(Brian). *Traditions orphiques et tendances mystiques dans le romatisme français.* Slatkine Reprints, 1984.

Le Breton(Georges). *Nerval, Poète alchimique, La Clef des*

Chimères : Le Dictionnaire mytho-hermétique de Dom Pernety. Curandera, 1982.

Ligou(Daniel). *Dictionnaire de la Franc-Maçonnerie*. P.U.F., 1987.

Maistre(Joseph de). *Ecrits maçonniques de J. de Maistre et de quelques-uns de ses amis francs-maçons*. Edition critique par J. Rebotton. Slatkine, 1983.

Monneyron(Frédéric) et Joël Thomas. *Mythes et littérature*. Coll. Que sais-je? P.U.F., 2002.

Naudon(Paul). *La Franc-Maçonnerie*. Coll. Que sais-je? P.U.F., 1984.

Riffaterre(Hermine B). *L'Orphisme dans la poésie romantique : Thèmes et style surnaturalistes*. A. G. Nizet, 1970.

Viatte(Auguste). *Les Sources occultes du Romantisme, Illminisme, Thoésophie 1770–1820*. 2 vols. Honoré Champion, 1979.

Wirth(Oswald). *La Franc-Maçonnerie rendue intelligible à ses adeptes*, 3 vols. Dervy Livres, 1984–1985.

Zink(Michel). *Dictionnaire du Moyen Age*. Coll. Quadrige. P.U.F., 2002.

고대신화와 신비주의의 세계

초판 발행 2006년 3월 20일
초판 1쇄 2006년 3월 20일
지은이 이준섭
펴낸곳 고려대학교출판부
www.kupress.com
kupress@korea.ac.kr
136-701 서울특별시 성북구 안암동
02-3290-4230~2
Fax 923-6311
찍은곳 이환기획인쇄

ISBN 89-7641-576-0 03210

값 7,000원